Bild

Michael Mross

Börse kinderleicht

Gewinnen
durch Aktiensparen

D1924517

Ullstein

Das Buch

600 000 Deutsche haben im letzten Jahr zum ersten Mal Aktien gekauft. Waren Sie auch mit dabei? Bis jetzt gibt es nur 4,5 Millionen Aktienbesitzer in Deutschland. Eine verschwindend geringe Zahl. Rund die Hälfte aller Deutschen spielt dagegen Lotto! Jahr für Jahr werden 6 Mrd. Euro (12 Mrd. Mark) beim Lottospielen versenkt. Die Chance, damit reich zu werden, ist allerdings sehr gering: Sie steht genau 1 zu 14 000 000 – in Worten: Eins zu vierzehn Millionen! Oder anders ausgedrückt: Eher werden Sie vom Blitz erschlagen als durch Lottospielen Millionär!

Wenn jemand dagegen seine monatlichen „Spieleinsätze" an die Börse tragen würde, dann sind die Chancen auf ein Millionärsdasein riesengroß, sogar fast sicher.

Dem Deutschen ist das Sparbuch halt immer noch sein liebstes Kind, wenn es um die Geldanlage geht. Der Anleger kann damit kaum Reichtümer erwerben. Reich wird bei diesem Sparverhalten allein die Bank! Kein Wunder, daß manche ausländischen Experten in Sachen deutscher Sparmentalität von einem Entwicklungsland sprechen.

Fazit: Beim Lotto werden Sie eher vom Blitz erschlagen als Millionär. An der Börse ist es genau umgekehrt: Eher werden Sie Millionär als vom Blitz erschlagen.

Allein diese Erkenntnis sollte Sie dazu bewegen, Ihr sauer Erspartes lieber an die Börse zu tragen als zur nächsten Spielannahmestelle. Das man auch aus wenig Geld ein kleines Vermögen machen kann, zeigt Ihnen dieses Buch.

Der Autor

Michael Mross erblickte am 2.11.1958 in der Kölner Innenstadt das Licht der Welt. Nach dem üblichen Schuldrill studierte er Jura in der Domstadt. Schon bald entdeckte er sein Interesse für den Journalismus. Nach Zwischenstationen bei der ARD moderierte er die Finanzsendung *Geldmarkt* bei RTL, die Anfang 1992 eingestellt wurde.

1993 gab Michael Mross sein Debüt bei der *Telebörse*. Damals noch beim DSF. In den Folgejahren arbeitete er immer häufiger auch bei n-tv, wo er die *Telebörse* seit Anfang 1997 regelmäßig als Moderator präsentiert.

Schon immer galt das Interesse des Telebörsen-Mannes den Finanzmärkten. „Es ist jeden Tag eine spannende Welt, eine Welt voller Geschichten, Gerüchte, News. Flexibilität und Spontaneität sind gefordert. Eine spannende Aufgabe, dieses prickelnde Erlebnis zu vermitteln!"

In seiner Freizeit beschäftigt sich der Fernsehmann mit nicht ganz alltäglichen Dingen: Evolutionsbiologie und der Komplexitätstheorie. Auch die Erforschung von neuen Kursprognose-Systemen mit Hilfe neuronaler Netze beansprucht viel Zeit. Und wenn der Kopf ihm zu sehr qualmt, taucht er zwischendurch mal ab: Die Korallenriffe der sieben Meere sind dann sein Zuhause. Dies sind für ihn die wenigen Ausnahmen, wo im Kopf mal keine Zahlen sind …

Bild

Michael Mross

Börse kinderleicht

Gewinnen durch Aktiensparen

Ullstein

Impressum

Ullstein Buchverlage GmbH & Co. KG, Berlin
Taschenbuchnummer: 42004

Originalausgabe April 1999

Umschlagentwurf: Ropelius Design
Umschlagfoto: Bavaria
Karikaturen im Innenteil: Klaus Espermüller, München;
Ullstein Bilderdienst: S. 27
Alle Rechte vorbehalten
© 1999 by BILD, Hamburg
Satz: LVD GmbH, Berlin
Druck und Weiterverarbeitung: Clausen & Bosse, Leck
Printed in Germany 1999
ISBN 3 548 42004 4

Gedruckt auf alterungsbeständigem Papier
mit chlorfrei gebleichtem Zellstoff

Inhalt

Vergessen Sie alles,
was Sie bisher über Börse gehört haben!

Lesen Sie dieses Buch.
Es zeigt Ihnen:

Börse ist völlig unkompliziert
Börse macht Spaß
Börse ist spannend

Und Sie werden sehen: mitmachen lohnt sich!

**„Geld ist nichts.
Aber viel Geld, das ist etwas anderes.“**

(George Bernard Shaw)

1. Geschichten rund um die Börse

Vorurteile

Immer, wenn mir Leute auf der Straße begegnen und wir über die Börse ins Gespräch kommen, wundere ich mich: In weiten Teilen der Bevölkerung kursieren sehr merkwürdige Vorstellungen über Aktien und Börsen. Eines der häufigsten Vorurteile: Börse ist riskant, Börse ist unsicher, Börse ist nichts für den kleinen Mann. Ich versichere Ihnen: Das Gegenteil ist richtig. Ich hoffe, Sie werden durch dieses Buch auf den Geschmack kommen.

Warum wissen die Leute so wenig über die Börse? Weil niemand ihnen je etwas darüber erzählt hat. Weil in der Schule alles mögliche gelehrt wird, nur nicht, wie unsere Wirtschaft funktioniert. Weil die Banken lange Zeit kein Interesse daran hatten, ihr Wissen über die Aktienanlage kundzutun.

Soviel sei vorweggenommen: Die Aktienanlage ist nicht riskant oder unsicher. Und sie eignet sich hervorragend auch für Leute, die nicht so viel Geld haben. Und: Es ist alles viel einfacher, als Sie denken.

Reich werden mit Aktien

Reich werden mit Aktien funktioniert so: Sie kaufen eine Aktie, eine x-beliebige, und geben sie nie wieder her. Bis jetzt sind Aktien immer nur gestiegen. Also wird auch Ihre Aktie mit hoher Wahrscheinlichkeit nach oben gehen.

Die Wahrscheinlichkeit ist sehr gering, daß ausgerechnet Ihre Aktie wertlos wird! Da müßten Sie schon sehr viel Pech haben ... Klingt einfach – sagen Sie? Es klingt nicht nur so, sondern ist es auch.

An dieser Stelle könnte das Buch schon zu Ende sein. Theoretisch.

So werden aus 100 Dollar 1 Million!

Aber ich würde Sie gern ermuntern, es mal zu probieren. Bedenken Sie: Wenn Sie im Jahr 1900 100 Dollar an der Börse angelegt hätten, dann hätten sie jetzt rund 1,3 Millionen Dollar!

Damit hätten Sie Ihr Geld mehr als verzehntausendfacht! Das ist eine gigantische Zahl – funktioniert aber trotzdem ganz ohne Zauberei. Glauben Sie nicht? Ist aber so. Zugrunde gelegt wurde hier eine jährliche Steigerung von durchschnittlich 10 Prozent! Das ist genau der Prozentsatz, um den Börsen und Aktien durchschnittlich steigen. **Fazit:** Keine andere Geldanlage ist besser als die Anlage in Aktien! Und keine ist einfacher und macht mehr Spaß. Und kaum eine ist sinnvoller, denn Sie investieren direkt in ein Unternehmen – nur so kann Ihr Geld wirksam arbeiten und zum Beispiel Arbeitsplätze schaffen oder interessante Produkte.

Das wurde aus 100 Dollar in 100 Jahren:

Nach ...	Ergebnis
10 Jahren	**259,37**
20 Jahren	**672,75**
30 Jahren	**1 744,94**
40 Jahren	**4 525,93**
50 Jahren	**11 739,09**
60 Jahren	**30 448,16**
70 Jahren	**78 974,70**
80 Jahren	**204 840,02**
90 Jahren	**531 302,26**
100 Jahren	**1 378 061,23**

Sie sehen: Eine Aktienanlage vermehrt Ihr Geld erst langsam und schließlich immer schneller! Fazit: Je länger Sie Ihr Geld an der Börse arbeiten lassen, desto besser. Der richtige Schwung kommt erst am Schluß. Sozusagen der Geld-Endspurt.

Aus 100 000 DM 1,8 Millionen machen

Wenn Sie aus 100 000 DM 1,8 Millionen machen wollen, so müssen Sie dafür nicht mal 100 Jahre warten! Das einzige, was Sie brauchen, sind eben die 100 000 DM und etwas Zeit. Nämlich genau 25 Jahre. Das haben Experten ausgerechnet. Eine andere Voraussetzung: Sie müssen das Geld in Aktien anlegen. Welche? Vollkommen egal! Strategie? Keine! Sie brauchen keine gezielte Anlagestrategie, Sie müssen nicht jeden Tag Kurse verfolgen. Einfach kaufen und liegen lassen. Das ist das ganze Geheimnis an der Börse.
Klingt unglaublich, ist aber wahr. Sie haben Ihr Geld in 25 Jahren verachtzehnfacht. Und auch wenn Sie keine 100 000 DM zur Verfügung haben – wenn zum Beispiel aus 1000 DM 18 000 DM werden –, dann ist das doch auch schon was. Daß dies alles vollkommen ohne Aktien-Ahnung funktioniert, hat selbst Profis überrascht. Aber zu diesem Thema kommen wir gleich noch ausführlicher ...

Börse ist ganz einfach:

Test für Ahnungslose

Sie haben keinen Schimmer von Aktien? Wissen nicht, welche Sie kaufen sollen? Macht nichts. Wirklich, es ist

ziemlich egal. Probieren Sie es doch einfach selbst, und Sie werden überrascht sein! Ich beweise Ihnen, daß Sie vollkommen ohne Börsenerfahrung gewinnen werden.
Wir machen jetzt einen Test. An diesem Test dürfen Sie aber nur teilnehmen, wenn Sie wirklich vollkommen ahnungslos in bezug auf die Börse sind!
Also: Sie gehen in die Bibliothek und nehmen sich die Ausgabe einer Zeitung, die genau zehn Jahre alt ist! Sie schlagen den Kursteil auf und wählen zehn Aktien aus. Sie notieren sich die Namen und die damaligen Kurse.
Sie haben also 10 Aktien mit zehn Kursen und rechnen den Betrag zusammen.
Jetzt nehmen sie eine Zeitung von heute und schauen, wo diese Aktien heute stehen. Jetzt rechnen Sie auch hier den Kurswert wieder zusammen. Sie werden überrascht sein!
Bedenken Sie bei der Rechnung lediglich, daß die Kurse heute mit 10 multipliziert (malgenommen) werden müssen, weil aus einer Aktie von vor zehn Jahren heute zehn geworden sind. Man nennt das Aktiensplit. Hat man so gemacht, weil die Kurse sonst einfach zu hoch wären (mit wenigen Ausnahmen). Also: die Kurse von heute mal 10!
Ich bin mir ziemlich sicher, daß Sie diesen Test positiv bestehen. Sie werden sehen: Sie haben wahllos Aktien herausgepickt. Und trotzdem hat sich der Wert dieser Aktien vervielfacht! So ist die Börse: Man muß nicht bis ins letzte Detail wissen, wie sie funktioniert, um auf der Gewinnerseite zu stehen.
Ich bin mir außerdem ziemlich sicher, daß der eine oder andere Leser sein Geld ohne jedes Wissen sogar nicht nur verdreifacht hat, wie in unserer obigen Durchschnittsrechnung. Es wird auch Ahnungslose geben, die ihr Geld wahrscheinlich verfünffacht haben. Schlechter, als das Geld zu verdreifachen, wird allerdings schwierig. Das geht kaum. Probieren Sie es wiederum aus.
Versuchen Sie die zehn schlechtesten Aktien von vor zehn Jahren herauszufinden, und vergleichen Sie die Kurse mit der heutigen Notiz. Sie stellen fest: An der Börse sein Geld nicht zu vermehren ist wirklich eine außerordentlich schwierige Angelegenheit!

Die Geschichte von dem Banker und dem Schimpansen

Viele Menschen sagen sich: „Ich verstehe gar nichts von Börse und Aktien. Das muß man doch studiert haben." Diese Annahme ist falsch. Börse läßt sich nicht berechnen oder studieren. Das ist ja gerade das Besondere. Und deshalb kann jeder mitmachen. Und alle haben die gleichen Chancen. Sie können noch soviel studiert haben, Sie können soviel lesen wie Sie wollen. Sie werden nie den Börsenkurs von morgen errechnen können.

Eines zeigt die Börsengeschichte allerdings in aller Deutlichkeit: Auf lange Sicht sind Aktien immer nur gestiegen!

Börse ist eher eine Kunst als eine Wissenschaft! Und jeder kann sich diese Kunst aneignen.

An der Börse hilft eine gewisse Bauernschläue viel mehr als ein langes Studium. Wenn ein Bankangestellter an der Börse wirklich erfolgreich wäre, dann würde er ja wohl kaum bei einer Bank arbeiten.

Jede eigene Strategie ist besser als irgendein Tip von der Bank oder von sogenannten Experten. Welcher Experte würde denn wirklich einen todsicheren Tip verraten? Dann würde er doch lieber selbst kaufen und abwarten.

An der Börse gilt: Niemand weiß etwas, und alle reden darüber. Es ist so ähnlich wie bei den Horoskopen.

Wer auf der Suche nach den richtigen Aktien ist, sollte sich auf jeden Fall eigene Gedanken machen und nicht die Bank fragen. Wie so etwas funktioniert, werden Sie in diesem Buch erfahren. Sie brauchen dazu wirklich keine Vorkenntnisse!

In Börsenkreisen erzählt man sich folgende kuriose Geschichte: Ein hochbezahlter Banker sollte fünf Aktien herausfinden, die sich im folgenden Jahr am besten entwickeln würden. Dieser Banker hatte lange studiert, und dazu gab es noch viele Helfer, die bei der Auswahl mit Rat und Tat zur Seite standen. Gleichzeitig hat man einen Affen mit Wurfpfeilen auf die Aktienseite einer Zeitung zielen lassen und die getroffen Werte genommen.

Raten sie mal, welche fünf Aktien sich unterm Strich besser entwickelt haben?

Es war der Affe, der die Wette gewann.

Goldenes Händchen

Mit ein bißchen Glück geht es sogar noch besser. In den USA lebt ein Mann, der mittlerweile zu den reichsten der Nation zählt. Sein Name: Warren Buffett. Er hat sein Geld nicht etwa erarbeitet, sondern an der Börse gemacht. Ein paar Freunde und Bekannte gaben ihm Geld, um es an der Börse anzulegen. Warren Buffett hat damals in junge Wachstumsunternehmen investiert – und gewartet. Aus 10 000 Dollar wurden in 40 Jahren 400 000 000 (400 Millionen!) Dollar. Kein Märchen, sondern Realität! Dieses Beispiel zeigt: Mit etwas Glück kann man an der Börse ein sehr großes Vermögen machen. Und wer einen langen Atem hat, der wird sein Geld nicht verlieren, sondern vermehren!

Nun, der lange Atem hat sich für die Freunde und Bekannten in Buffetts Heimatstadt mehr als ausgezahlt.

„Die meisten Leute interessieren sich für Aktien, wenn alle anderen es tun. Die beste Zeit ist aber, wenn sich niemand für Aktien interessiert.“

US-Milliardär Warren Buffett

Dort, in Omaha (Nebraska), leben allein 32 Familien, die er um 100 Millionen Dollar reicher gemacht hat. Ein schönes Ruhekissen ...

Wieviel Geld brauche ich?

Man braucht nicht viel Geld, um am Spiel der Spiele teilzunehmen. Wichtig allein: Geduld und viel Zeit. Wenn sich herausstellt, daß es eine Geldanlage gibt, die das meiste abwirft, warum soll das dann nur für Millionäre gelten? Eines der größten Vorurteile gegenüber der Börse ist, daß sie angeblich nur für Leute mit viel Geld da ist. Das Gegenteil ist richtig. Wenn sie nur 100 DM haben und daraus 200 machen können, dann ist das für Sie vielleicht viel mehr wert, als wenn ein Millionär eine Million nach der anderen einsammelt.

Als ich vor 20 Jahren meine ersten 1000 DM erspart hatte, legte ich sie in Aktien an. Bayer. Diese Aktie kostete damals 10 DM! Ja, Sie haben richtig gelesen: 10 DM! Heute ist sie über 60 DM wert! Aus 1000 DM wurden also über 6000 DM. Hinzu kommen noch mal rund 2000 DM Ausschüttungen, Dividende. Aber das erkläre ich Ihnen später noch. Alles in allem wurden also aus 1000 DM im Laufe der Zeit 8000 DM!

Ich hatte damals keine Ahnung von der Börse. Ich hab mich einfach nur dafür interessiert. Damals war die Börse bei weitem nicht so populär wie heute. Ich hab es trotzdem ver-

Die ⑩ wichtigsten Fragen für den Anfänger:

① Braucht man viel Geld?
Nein, aber es ist schon viel Geld gemacht worden.

② Muß man studiert haben?
Nein, ist eher hinderlich.

③ Warum haben dann so viele Börsianer studiert?
Das fragen die sich auch oft.

④ Braucht man Nerven?
Ja, manchmal.

⑤ Ist Börse kompliziert?
Nein. Funktioniert nicht anders als ein Gemüsemarkt.

⑥ Wie teuer sind Aktien?
Manche kosten nur Pfennige, andere über 10 000 DM.

⑦ Ist die Börse für alle da?
Ja, jeder kann Aktien kaufen, keine Beschränkung.

⑧ Kriegt man seine Aktien auch wieder los?
Immer! Ist eine Frage des Preises.

⑨ Wie findet man die richtige Aktie?
Mit offenen Augen durch die Welt gehen.

⑩ Soll man die Bank fragen?
Nein, die weiß es auch nicht besser.

sucht, weil ich es irgendwie faszinierend fand. Und siehe da: Es funktionierte. Ohne Wissen, ohne Studium, ohne Berater.
Diesen Weg können Sie auch gehen. Es ist einfach! Viele Rechenbeispiele, denen Sie in diesem Buch begegnen, erscheinen unglaublich. Aber sie sind wahr. Jeder kann sie nachprüfen. Ein einfacher Taschenrechner genügt.
Wenn Sie jeden Monat 50 Euro beiseite legen können, dann werden Sie schon reich. Im ungünstigen Fall kriegen Sie dann in 25 Jahren etwa 35 000 Euro raus. So etwas funktioniert aber nur mit Aktien. Mit ein bißchen Glück ist es sogar mehr als das Doppelte dieser Summe, also 70 000 Euro. Ich wiederhole: Aus 50 Euro monatlicher Zahlung können in 25 Jahren 70 000 Euro werden!
Sie hätten in dieser Zeit nichts machen müssen! Keine Kurse lesen, keine schlaflosen Nächte, keine Mehrarbeit. Lediglich Monat für Monat 50 Euro einzahlen. Im Jahr sind das 600 Euro – und wer hat die nicht übrig?
Aktien und Zeit sind die Zauberformel für ein Vermögen. Und das hat nichts mit Hokuspokus zu tun. Wenn Sie das nicht glauben, dann rufen Sie einfach bei der Fondsgesellschaft der Deutschen Bank an. Sie wird es Ihnen beweisen! (Vielleicht glauben Sie denen ja mehr als mir.) Dieses Beispiel zeigt, daß es sich auch lohnt, mit wenig Geld an die Börse zu gehen.

Übrigens: Der Vorteil bei der Aktienanlage liegt darin, daß Sie im Notfall immer an Ihr Geld herankommen. Aber bedenken Sie: So richtig Schwung in die Aktienanlage kommt erst in den letzten Jahren rein, am Anfang sind die Steigerungsraten noch ziemlich gering.

Börse – spannender als ein Krimi

Jeden Tag neu und jeden Tag anders. Es ist das Spiel der Spiele, und jeder kann mitmachen. Entgegen der landläufigen Meinung kann man an der Börse meistens nur gewinnen. Natürlich gibt es zwischendurch Phasen, in denen die Kurse krachen. Aber auf lange Sicht sind Aktien immer nur gestiegen. Ein Vermögen kann man sich nur schwer erarbeiten. Aber an der Börse geht es wie von selbst. Natürlich gibt es auch magere Jahre – aber Sie müssen ja nicht verkaufen. Geduld hat sich bei Aktien immer ausgezahlt. Eine Beteiligung an Unternehmen ist sinnvoll und spannend. Es ist dann fast so, als wenn es Ihnen gehört.
An der Börse braucht man keine „Ahnung" zu haben! Sie müssen dafür nicht studieren. Wenn Sie mit offenen Augen durch die Welt gehen, dann können Sie schon gewinnen. Dieses Buch soll Ihnen beim Einstieg helfen, und Sie werden feststellen:

Börsianer zu werden ist wirklich kinderleicht und macht auch noch Spaß!

Das wäre Ihr Preis gewesen ...

Betrachten wir die letzten zehn Jahre. Wieder schneidet die Aktienanlage am besten ab. Der Geldeinsatz wurde verdreifacht! Und das ist nur der Durchschnittswert. Ohne Volltreffer. Ohne gezielt auf ein richtiges Pferd gesetzt zu haben. Im Extremfall hätten Sie noch viel mehr Geld rausholen können. Aber ich will Ihnen ja nicht die günstigste Variante vorstellen, sondern eine ganz normale. Diese Steigerung erzielen Sie, wenn Sie Aktien quer durch den Gemüsegarten kaufen. Sie setzen lediglich auf die größten deutschen Unternehmen. Und schon haben Sie gewonnen.

Auflistung der Geldvermehrung

		1989	1999
Sparbuch	Euro	10 000	13 000
Anleihen	Euro	10 000	22 000
Aktien	Euro	10 000	30 000

Risiko?

„Wer etwas riskiert, der kann verlieren. Wer nichts riskiert, hat schon verloren." Dieser Spruch eines klugen Zeitgenossen gilt auch an der Börse. Aber so riskant ist die Börse gar nicht. Ich betone es an dieser Stelle noch einmal: Auf lange Sicht sind alle Aktien immer nur gestiegen. Es gibt zwar Crashs, also plötzlich stark sinkende Kurse. Es gibt Turbulenzen, die Schlagzeilen machen. Keine Schlagzeilen dagegen macht die Stetigkeit, mit der Aktien über alle Schwankungen hinweg am Ende doch steigen. Versicherungen legen ihr Geld an der Börse an. Pensionskassen, die Ihre Rente finanzieren, machen das gleiche. Würden sie das tun, wenn die Börse eine riskante Angelegenheit wäre? Bestimmt nicht!

Ein Aktienindex gibt den Durchschnittswert einer bestimmten Zahl von Aktien an. Wenn viele Aktien im Wert fallen, dann fällt auch der Index. Der Index ist ein Kursbarometer, der den Wert der Aktien anzeigt. Schauen Sie sich dieses Kursbarometer an der wichtigsten Börse der Welt an: der Wall Street in New York.

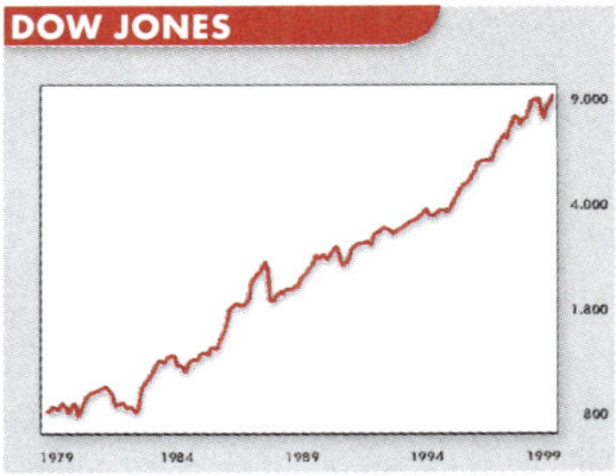

Fazit: Börsen schwanken. Aber auf lange Sicht geht es immer rauf!
Die Zeit heilt an der Börse alle Wunden. Aus 100 Dollar werden in 100 Jahren über eine Million Dollar. Trotz einiger Crashs.
Leider aber werden nur wenige Menschen 100 Jahre alt ... Der schlimmste Crash – Börsenkrach – war 1929. Aktien verloren mehr als die Hälfte ihres Wertes. Doch schon sieben Jahre später wurden aus Verlusten wieder Gewinne, selbst wenn man einen Tag vor dem Crash gekauft hatte.

Millionär? Nicht schwer ...

Ich möchte Ihnen an dieser Stelle ein paar interessante Erfolgsgeschichten vorstellen, die Sie vielleicht auf den Geschmack bringen. Gewiß, es sind außergewöhnliche Beispiele. Aber sie zeigen, was an der Börse möglich ist.
Nehmen wir ein jüngeres Beispiel: 1996 kostete die Aktie von Mobilcom 15 DM. Jeder konnte sie an der Börse kaufen. Mittlerweile kostet die gleiche Aktie rund 300 Euro, in Worten: dreihundert! Und das nach nur drei Jahren. Wer damals 3000 Mobilcom-Aktien für 45 000 DM gekauft hatte, der ist heute fast Millionär. Euro-Millionär. Dies mit einem Einsatz von ursprünglichen 45 000 DM! Auf diese Weise wurden übrigens viele Mitarbeiter des Unternehmens zu Millionären. Der Chef von Mobilcom, der selbst die meisten Aktien seines Unternehmens besitzt, ist heute Milliarden schwer. Und die Erfolgsstory von Mobilcom ist noch längst nicht zu Ende. Doch der grandiose Aufstieg des Aktienkurses von Mobilcom wurde immer wieder von kritischen Kommentaren der Banken und der Fachpresse begleitet. Kaum jemand hatte dem Unternehmen das zugetraut. Viele, die in den letzten Jahren auf Banken und Experten hörten und deshalb Mobilcom verkauft haben, ärgern sich heute.

Eine andere Millionenstory ist die von EM.TV. Die Aktie kam zu 17,50 DM an die Börse. Heute steht sie umgerechnet bei etwa 500 Euro! Das Unternehmen vermarktet unter anderem Fernsehrechte von Comic-Serien und verkauft sie in die ganze Welt. So zum Beispiel geschehen mit *Tabaluga*, besonders beliebt bei Kindern. Auch bei EM.TV scheint der Aufwärtstrend ungebrochen, aber auch bei diesem Unternehmen haben viele Experten immer wieder gewarnt. Der Aktienkurs sei zu schnell zu hoch gelaufen! Also passen Sie auf, wenn Profis Aktien beurteilen. Entscheiden Sie lieber aus dem Bauch heraus! Und beherzigen Sie eine alte Regel an der Börse: Aktien, die einmal laufen, kommen so schnell nicht wieder runter. Auch bei EM.TV ist die Erfolgsstory noch intakt.

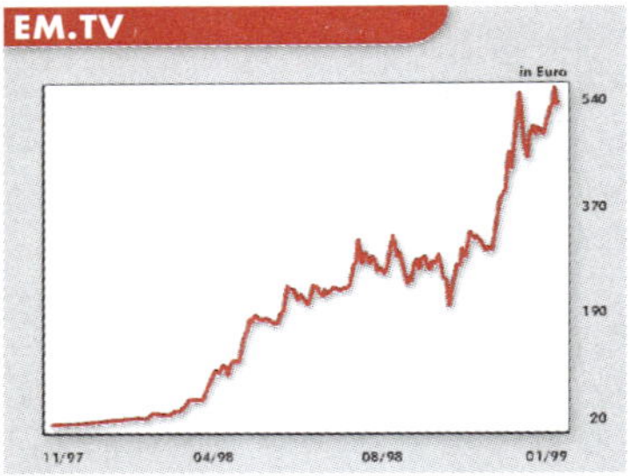

Einen ähnlichen Höhenflug unternahm die Aktie von SAP. Sie kam Anfang der 90er an die Börse. Das Unternehmen stellt Software für Firmen her, ein spezielles Computerprogramm für große Betriebe, über die dann alle Abrechnungen laufen. Das Programm war ein voller Erfolg. Heute ist SAP Weltmarktführer. Und das Wachstum verläuft immer noch ungebremst. Der Börsenkurs hat sich mehr als verhundertfacht. Wieder ein Argument dafür, daß man steigende Aktien niemals aus der Hand geben soll!

Es geht aber auch ohne diese Glückstreffer. Kluge Leute haben ausgerechnet: Wer sein ganzes Arbeitsleben lang 50 Euro monatlich in Ak-

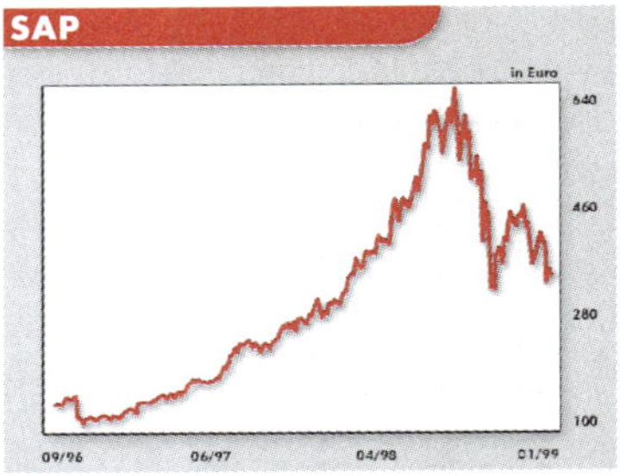

tien investiert, der wird am Ende auch Millionär. Zugrunde gelegt sind hier jährliche durchschnittliche Steigerungsraten von etwa 10 Prozent, und das ist an der Börse nichts Ungewöhnliches. Es gab auch schon Perioden, da ist die Börse in einem Jahr um 50 Prozent gestiegen. Das ist aber sehr selten.

Andererseits gibt es auch Verlustjahre. Aber die sind, statistisch gesehen, sehr selten: Von den letzten 129 Börsenjahren waren nur 35 Verlustjahre. In den anderen 94 Jahren stand am Ende immer ein Gewinn.

Es gibt noch viele andere Börsen-Erfolgsgeschichten. Kleine und große.

Die Telekom-Geschichte

Als die Telekom zum ersten Mal Aktien verkaufte (1997), da blickten viele Experten sehr sorgenvoll drein! Mit kummerumflortem Blick warnten sie vor Euphorie und beschieden: Dieser riesige Telefon-Dinosaurier hat keine großen Chancen. Urteil: Die Aktie hat keine Aussicht auf Kurssteigerungen.

● Doch das Gegenteil erwies sich als richtig. Die Experten lagen wieder mal daneben. Es sollte nicht das letzte Mal sein.

● Die Telekom-Aktien wurden für rund 14 Euro verkauft. Kleinanleger und Leute mit wenig Geld bekamen sie sogar noch etwas günstiger. Diese Anlage sollte sich lohnen.

● Ganz entgegengesetzt zur weitverbreiteten Meinung strebten die Telekom-Aktien nach oben. Und derjenige, der sich nicht von dem Geschwätz anderer Leute anstecken ließ, hat damit eine kleines Vermögen geschaffen. Bis Anfang 1999 stieg der Kurs nämlich auf sagenhafte 34 Euro. Auf diese Weise hat sich das Geld in recht kurzer Zeit mehr als verdoppelt.

Ein schöner Geldsegen gerade für Kleinanleger – denn sie sind es, die hauptsächlich Telekom gekauft haben. Für viele war es „DAS ERSTE MAL". Diese schöne Erfahrung mit der Börse hat natürlich auch viele neue Börsianer auf den Geschmack gebracht. Erst mit der Deutschen Telekom hat die Aktie als Anlageinstrument auch beim „Mann auf der Straße" eingeschlagen.

Ich konnte es damals richtig spüren. Die Ausgabe der Telekom-Aktien war ein wichtiger Meilenstein in der deutschen Börsengeschichte. Plötzlich war die Aktie interessant. Plötzlich war Interesse für die Börse da!

Die Aktien der Deutschen Telekom werden auch heute noch von vielen

Experten schlecht eingeschätzt. Dennoch – das Papier strebt ständig neuen Höhen entgegen.

Fazit: Lassen Sie sich von Experten und Fachleuten nicht verrückt machen. Folgen Sie Ihrem eigenen Gefühl. Meiner Meinung nach ist der Höhenflug der Telekom noch nicht beendet. Schwankungen zwischendurch sind natürlich nie ausgeschlossen!

Spekulation – ist das böse?

Wer in Urlaub fährt, spekuliert auf schönes Wetter. Wer einen Beruf ergreift, spekuliert auf eine Karriere. Wer Aktien kauft, der spekuliert auf höhere Kurse. Das Leben besteht aus Spekulation. Börse ist ein Teil des Lebens.

Spekulieren heißt auch: HOFFEN. Man hofft auf ein bestimmtes Ereignis, auf eine bestimmte Entwicklung. Zu Unrecht ist der Begriff „Spekulation" mit einem schlechten Bild belegt. An der Börse anzulegen ist das

Beste, was Sie sich und Ihrem Geld antun können. Ein anderer kann dann mit Ihrem Geld was Vernünftiges anfangen. Ist es böse, wenn dieser „andere" dann erfolgreich ist und somit auch Ihr Geld vermehrt?
Das schlechte Bild vom Börsenanleger entsteht lediglich durch Sozialneid. Wir leben in einer Gesellschaft, in der den Menschen von Geburt an eingebleut wird, daß man für sein Geld arbeiten muß. Daß man sein Geld arbeiten läßt, gilt als unschön. Vollkommen zu Unrecht. Gerade Geld muß arbeiten. Dafür ist es da. Geld gehört an die Börse. Nur dort kann es sich richtig entfalten.

Was ist eine Aktie?

Nehmen wir einmal an, Sie wollen ein Unternehmen gründen, haben aber kein Geld. Sie brauchen jedoch mindestens 100 000 Euro. Dann bleiben Ihnen zwei Möglichkeiten: Sie gehen zur Bank und beantragen einen Kredit. Der Banker wird dafür aber wohl nur ein müdes Lächeln übrig haben.
Möglichkeit Nummer 2: Sie trommeln ein paar Freunde und Bekannte zusammen und erzählen ihnen von Ihrem Plan. Sie brauchen 100 000 Euro! Ihr Plan klingt gut. Jetzt machen Sie folgendes:
Sie geben 1000 Scheine aus, auf denen steht: Dieses Papier ist 100 Euro wert (1000 x 100 = 100 000)!
Jetzt sagen Sie Ihren Bekannten: „Gebt mir 100 Euro, und für jeden Hunderter gibt es einen Schein." Praktisch ein „Unternehmensgutschein". Besser: Ein Anteilsschein.
Da Sie Ihre Geschichte gut verkauft haben, sind die Bekannten bereit, diesen Tausch einzugehen. Und schon ist's passiert: Sie kriegen das Geld und geben dafür Ihre Scheine aus. Sie haben nichts anderes als Aktien ausgegeben. Ihre Freunde sind Aktionäre geworden.
In Wirklichkeit ist die Geschichte natürlich etwas komplizierter, aber im Prinzip funktioniert die Sache so.
Eine Aktie ist ein Anteilsschein. Sie geben das Geld und erhalten dafür einen Anteil am Unternehmen. Und was passiert, wenn es dem Unternehmen gut und immer besser geht? Dann steigt auch der Wert Ihres Anteilsscheins. Sprich: Die Aktie steigt.
Früher hat man dieses Verfahren nur bei großen Industrieunternehmen angewandt. Heute entstehen fast jede Woche neue Aktiengesellschaften. Es sind oft junge Gründer, die gute Ideen haben, aber kein Geld. Mit Hilfe der Aktien erhalten sie das nötige Kapital. Also: Sie geben das Geld. Sie kriegen dafür einen Anteilsschein. Und der Firmenchef investiert dieses Geld in sein Unternehmen. In Arbeitskräfte und Maschinen. Und wenn alles gutgeht (das tut es meistens), dann macht dieser Firmenchef aus Ihrem Geld das

Mehrfache. Dies können Sie dann am Wert Ihrer Aktie ablesen.
Und diejenigen, die am Anfang mit dabei waren, konnten bisher oft zufrieden sein. Manch kleine Garagen-Klitschen entwickelten sich zu globalen Weltkonzernen. So hat es zum Beispiel auch mal mit Bill Gates und seiner Firma Microsoft angefangen. Mr. Gates hatte seine Aktien anfangs für rund einen Dollar verkauft. Mittlerweile sind sie 100 Dollar wert. Ein schönes Geschäft für den Anleger. Es zeigt, daß man gerade bei jungen, zukunftsträchtigen Unternehmen ruhig optimistisch sein kann.
Wenn aus kleinen Unternehmen Riesenkonzerne geworden sind, dann sind oft mehrere 100 000 Aktien im Umlauf. Das trifft auf fast alle großen Namen zu, die Sie auch schon mal gehört haben: Bayer, Daimler-Chrysler, SAP, IBM, Siemens.
Beispiel: Von der Firma Bayer gibt es genau 705 356 970 Aktien. Wenn man alle Aktien wertmäßig zusammenrechnet, ergibt das rund 25 Milliarden Euro (= 50 Milliarden DM, Stand Anfang 1999)!
Bayer hat mittlerweile über eine Million Aktionäre. Ein reicher Anleger kann durchaus Tausende Bayer-Aktien besitzen – dem tut dann wahrscheinlich nichts mehr weh ... Aber es gibt auch viele „Normalverdiener", die nur eine einzige Aktie von Bayer haben. Diese einzelne Aktie kostet etwa 35 Euro (Stand Anfang 1999). Wenn Sie eine Aktie von Bayer kaufen, dann gehört Ihnen rund 1/700 000 000 (ein Siebenhundertmillionstel) der Firma. Sie können dann mit Recht sagen, daß zum Beispiel eine Türklinke in der Firma Ihr Eigentum ist. Natürlich haben Sie damit noch lange nicht das Recht, diese abzuschrauben und mitzunehmen ...
Es gibt aber noch andere Wege, Ihren Anteil an der Firma zu versilbern, indem Sie nämlich Ihre Aktie verkaufen. Dazu müssen Sie natürlich erst mal jemanden finden, der Ihnen dieses Papier auch abnimmt und dafür Geld bezahlt. Wo findet man solche Leute? An der Börse!

Was ist eine Börse?

Irgendwann ist mal jemand auf die Idee gekommen, solche „Unternehmensgutscheine", also Aktien, zu verkaufen.
Früher hat man sich dann auf die Straße gestellt oder auf spezielle Plätze. Dort hat man dann seine Aktien gezeigt und den Preis genannt, den man dafür haben wollte. Wenn der Preis zu hoch war, haben viele den Kopf geschüttelt und sind achtlos weitergegangen. Wenn aber jemand den Preis in Ordnung fand, gab er dem Aktienverkäufer das Geld und bekam dafür die Aktie.
Oft wurde auf solchen Plätzen laut gefeilscht. Manchmal stand auch eine ganze Gruppe um einen Verkäufer herum, und jeder brüllte laut

Das kosten die größten Unternehmen

... da muß einer schon ganz viel Geld haben, um so einen Koloß zu kaufen. Jetzt werden Sie auch verstehen, warum solche Konzerne in Aktien aufgeteilt sind ...

Platz	Unternehmen	Preis in Mrd. Euro/DM	Anzahl der Aktien in Millionen
1	DaimlerChrysler	80/160	960
2	Deutsche Telekom	75/150	2700
3	Allianz	65/130	245
4	SAP	40/80	104
5	Mannesmann	36/72	390
6	Siemens	33/66	575
7	Münchener Rück	30/60	89
8	HypoVereinsbank	28/56	414
9	Deutsche Bank	26/52	533
10	Bayer	25/50	730

Alle Zahlen sind stark gerundet und beziehen sich auf den Stand von Ende 1998.

herum, weil er vielleicht mehr bieten wollte als sein Nachbar. Schließlich entwickelte sich ein heilloses Durcheinander. Und wenn es regnete, gab es auch Probleme ...
Was lag also näher, als ein Haus zu bauen, in dem sich die Leute, die Aktien verkaufen und kaufen wollten, treffen konnten? Dieses Haus nannte man Börse.
Heute werden die Aktien nicht mehr in den Börsensaal getragen. Man braucht auch nicht mehr selbst hinzugehen. Alles läuft über Telefon und Computer. Abgewickelt wird das Geschäft dann durch spezielles Börsenpersonal, die Makler. Aber gebrüllt und gefeilscht wird immer noch. Manchmal geht es richtig heiß her an der Börse, wie in einem Fußballstadion.
Besuchen Sie eine Börse, solange es sie noch gibt! Denn das Zeitalter der Computer macht auch hier nicht halt. Es ist interessant, dem Treiben der Händler zuzuschauen. Doch schon bald wird nicht mehr viel zu sehen sein. Dann läuft alles nur noch über Computer. Früher hatte jede größere Bank ihren Posten an

der Börse. Die Händler kamen aus ihren Büros herausgerannt, schrien wild durch die Gegend, wenn sie was zu verkaufen hatten oder wenn sie billig kaufen wollten. An den Mienen der Menschen konnte man sehen, ob sie schief lagen oder ob sie sich über Gewinne freuten. Gerüchte wurden gestreut, Meinungen laut vertreten. Wahrscheinlich wird es solche Börsen nicht mehr lange geben. Dann glühen statt der Köpfe nur noch die Computerdrähte.
Börsen gibt es übrigens in Deutschland in folgenden Städten:

Berlin
Bremen
Düsseldorf
Frankfurt
Hamburg
Hannover
München
Stuttgart

Alle Börsen kann man auch besuchen!

Die größte Börse in Deutschland steht in Frankfurt. Die Öffnungszeiten: 8.30 bis 16.30 Uhr. Der Börsensaal hat eine spezielle Zuschauertribüne. Von dort aus kann das Börsengeschehen bequem beobachtet werden. Außerdem gibt es zahlreiches Informationsmaterial. In verschiedenen Räumen wird das Börsengeschehen ausführlich erläutert. Das trifft übrigens für die meisten Börsen zu!

Die größte Börse der Welt finden Sie in New York, an der Wall Street (Mauerstraße)! Falls Sie mal in die USA reisen, sollten Sie sich dieses Spektakel nicht entgehen lassen. Öffnungszeiten 9.30 bis 16 Uhr.

Die anderen großen Börsenplätze dieser Welt: Tokio und London. Aber auch in den meisten anderen Ländern findet man einen Handelsplatz für Aktien. So ist zum Beispiel die Börse in Bangkok hochinteressant, oder auch die in Moskau. Bei einer Stadtbesichtigung sollten Sie daran denken ...

Warum werden Aktien verkauft?

Das ist wirklich eine berechtigte Frage! Vorweg: Das meiste Geld macht der, der wirklich lange auf seinen Aktien sitzen bleibt. Das versuche ich Ihnen im Verlauf dieses Buches noch näher zu erläutern.
Es gibt aber immer wieder Situationen, in denen jemand seine Aktien verkaufen will oder muß.
Verkaufen muß jemand, weil er Geld braucht. Und das ist ja auch das Gute bei der Aktienanlage: Sie kön-

nen Ihre Stücke jederzeit zu Geld machen. Angenommen, Sie geraten in eine finanzielle Notlage, dann können Sie Ihre Aktien an der Börse verkaufen. Auf diese Weise gelangen Sie schnell an Bares. Jemand anderes freut sich dann vielleicht, weil er die Aktie, die Sie aus der Hand geben, schon immer haben wollte. Ein anderer Grund, warum jemand Aktien verkauft: Er sieht vielleicht irgendwo anders bessere Chancen. Vielleicht möchte er ein Haus kaufen. Vielleicht sieht er bessere Anlagemöglichkeiten.

Viele Anleger verkaufen ihre Aktien, weil sie glauben, die Aktie eines anderen Unternehmens würde mehr Gewinn abwerfen. Die eine wird verkauft, die andere gekauft. Dieses Hin und Her führt zwar zu großen Umsätzen an der Börse, hilft dem einzelnen aber oft wenig. Warum, das können Sie im Kapitel BÖRSENWEISHEITEN nachlesen.

Eine alte Dame fragte mich mal, ob sie denn Ihre Aktien auf jeden Fall wieder losbekommen würde. Ihre Frage lautete: „Kauft mir die Bank die Aktien auch wieder ab?" Sie hatte ein paar Veba im Depot (Depot = Sparbuch für Aktien).

Ich konnte sie beruhigen. Es gibt kaum eine Aktie, die man nicht verkaufen kann! Und außerdem: Die Bank ist nur ein Vermittler! Sie stellt den Kontakt mit der Börse her. Warum das so ist, erfahren Sie ebenfalls später noch genauer …

Crash

Apropos verkaufen …

Es gibt Situationen, da verlieren diejenigen, die Aktien besitzen, ihre Nerven. Auslöser sind überraschende schlechte Nachrichten. Aber auch ein unerwarteter Rückgang in der Wirtschaft kann die Ursache sein. Dann wollen plötzlich alle auf einmal verkaufen. Das wäre nicht weiter tragisch. Aber leider finden sich in solchen Situationen nur wenige Käufer, und die wenigen, die dann noch da sind, die kaufen natürlich nur zu niedrigeren Preisen, weil sie selber Angst haben.

An solchen Tagen geht es dann an der Börse zu wie auf einem orientalischen Basar. Alles brüllt, jeder verkauft um jeden Preis, und alle sind nervös. Solche Paniktage gibt es alle paar Jahre wieder. Aus den Geschichtsbüchern kennen Sie den Crash von 1929. Damals hat sich der Wert vieler Aktien mehr als halbiert. Böse Sache für jeden einzelnen. Es gab Börsianer, die sich aus dem Fenster stürzten, weil sie alles verloren hatten. Viele hatten auf Kredit gekauft, und als die Aktien fielen, konnten sie die Kredite nicht mehr zurückzahlen. Manch einer hatte sein Leben ruiniert. Das Ärgerliche daran: Einige Jahre danach ging es wieder nach oben. Wie kommt es zu solchen Schicksalsschlägen?

Man darf es eben nie übertreiben,

wenn man Aktien kauft! Nicht den letzten Groschen an die Börse tragen und erst recht nicht auf Kredit kaufen. Doch wenn Aktien mal steigen, dann geraten viele in einen Rauschzustand: Heute kaufen und morgen verkaufen. Das scheint besser, als Geld zu drucken. Morgen noch mehr auf Kredit kaufen und übermorgen das schnelle Geld machen. In solch euphorischen Phasen laufen Börsen sehr schnell heiß. Jeder versucht noch aufzuspringen. Warnungen werden in den Wind geschlagen. So ist es immer gewesen an der Börse. Und dann kommt über Nacht, quasi aus heiterem Himmel, der Crash, der Kurseinbruch.

Solche Crash-Tage muß man gelassen überstehen! Es sind Kauftage! An der Börse ist es eben umgekehrt wie in einem Kaufhaus. Beim Winterschlußverkauf stürmen die Menschen die Läden und freuen sich über niedrige Preise, greifen zu. An der Börse freut sich meistens niemand, wenn die Preise fallen. Und wenn sie stark fallen, kommen auch nicht die Massen und kaufen billig ein. Das ist das Besondere an den Börsen. Und trotzdem: Solche Tage sind auf lange Sicht immer die besten Kauftage.

Keine Panik ...

Ärgerlich ist es aber, wenn man einen Tag vor dem Kurseinbruch gekauft hat. Dann brauchen Sie Nerven. Auf keinen Fall verkaufen! Lassen Sie sich nicht anstecken von nervösen Stimmungen, und fragen Sie auf keinen Fall eine Bank oder einen Experten um Rat. Viele benehmen sich in solchen Situationen wie unsichere Flatterhennen.

An der Börse herrscht oft Massenpsychose. Entweder alle in die eine oder in die andere Richtung. Davon dürfen Sie sich nicht anstecken lassen. Man muß an der Börse auch schon mal gegen den Strom schwimmen. Selbst wenn Sie also einen Tag vor dem Crash gekauft haben, nehmen Sie es gelassen. Nach wenigen Jahren schon spricht niemand mehr darüber. Und manchmal ist schon am nächsten Tag alles vorbei!

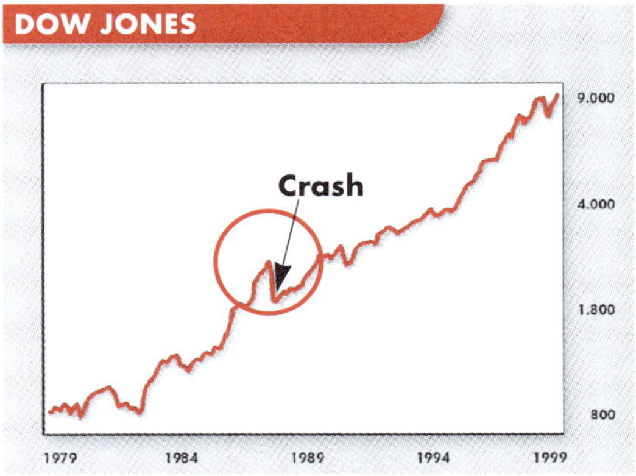

2. Börsensprache

Bullen und Bären

Sind Sie bullisch – oder bärisch? Nein, nicht die Frage, wie Sie sich zu Karneval kostümieren. Diese beiden Begriffe kommen ursprünglich aus dem Amerikanischen. Der Bulle ist dort das Symbol für steigende Kurse, der Bär steht für fallende Aktien.

Mittlerweile hat sich dieses Bild auch bei uns eingebürgert. An der Börse herrscht ständig Streit darüber, ob es rauf oder runter gehen wird. Die einen meinen dies, die anderen das. Sie sind „bullisch" (engl. *bullish*) für das nächste Jahr, das heißt optimistisch. Die anderen sind pessimistisch = bärisch (engl. *bearish*). Die Bären an der Börse glauben, daß es nach unten geht.

An der Börse spricht man oft von Bullen und Bären. Wer viel mit abstrakten Zahlen zu tun hat, der sucht eben schon mal Zuflucht in tierischen Begriffen. Der Börsianer unterteilt seine Welt in Bullen und Bären. Das gilt aber nur für kurzfristige Kursentwicklungen. Langfristig hatten wir es immer mit einer Bullen-Börse zu tun. Aber den Streit darüber, ob es nun rauf oder runter geht, diesen Streit versinnbildlichen die Börsianer im Kampf des Bullen mit dem Bären. Mal siegt der eine, mal der andere. Ein Bullen-Tag, eine bärische Woche, eine bullische Phase. Begriffe aus der Börsianerwelt.

An der Börse wimmelt es nur so von speziellen Begriffen. Lassen Sie sich davon nicht verwirren! Man muß sie nicht kennen. Am Ende zählt nur eines: Rauf oder runter? Und das entscheiden Sie selbst! Aus dem Bauch heraus! So einfach ist das.

Niemand, wirklich niemand auf der Welt weiß, wo die Börse morgen hingeht, wie der Aktienkurs morgen steht. Also warum dann auf Experten hören?

Profis umschreiben ihr Nichtwissen oft mit bunten Fachbegriffen. Sie verstecken sich hinter abstrakten Worten. Aber was nutzt das alles, wenn man am Ende doch nicht klüger ist? Unterm Strich lautet die Botschaft oft: Es könnte rauf gehen, es kann aber auch umgekehrt sein. Es ist sinnlos. Trauen Sie sich! Sie sind der Maßstab, und jeder kann das Gefühl für Börse entwickeln.

Bei Banken gibt es ganze Abteilungen von hochbezahlten Akademikern, die nur eine Aufgabe haben: Aktien zu finden, die sicher steigen. Da wird eifrig recherchiert und analysiert, Tausende von Zahlen werden gewälzt und verglichen. Heraus kommt dann oft eine Kauf- oder eine Verkaufsempfehlung für die Aktie A,

B oder C. Doch ich habe es schon sehr oft erlebt, daß solche Empfehlungen nicht das Papier wert waren, auf das sie gedruckt waren! Die meisten Empfehlungen sind wertlos, weil sie nicht eintreten. Schenken Sie solchen Aktientips nicht allzuviel Vertrauen. Auch wenn der Banker Ihnen eine Aktie ans Herz legt mit dem Hinweis, daß sein Haus das Unternehmen geprüft hat. Die Börse geht ihre eigenen Wege.

Meistens gibt es ganz viele Kaufempfehlungen mit tollen Kurszielen, wenn die Börse steigt. Fällt der Aktienmarkt dagegen, laufen wieder alle in die andere Richtung. Bei fallenden Börsenkursen häufen sich die Verkaufsempfehlungen sowie schlechte Einschätzungen der Aktienentwicklung.

Wie oft habe ich schon erlebt, daß Aktien, die von namhaften Experten zum Kauf empfohlen wurden, in den nächsten Tagen jäh in den Keller gingen. Und umgekehrt, daß Aktien, die von allen Seiten als aussichtslos eingestuft worden waren, anschließend zu einem steilen Höhenflug angesetzt haben.

Also: Sie kommen nicht umhin, sich Ihre eigenen Gedanken zu machen!

Ein Studium der Betriebs- oder Volkswirtschaft ist eher hinderlich für den Börsenalltag.

Außerdem sind sich die Studierten auch nicht einig: 2 Volkswirte = 3 Meinungen. Jeder weiß es besser, aber keiner genau, und hinterher kommt doch alles anders.

Bulle und Bär vor der Deutschen Börse in Frankfurt/Main

Fest freundlich bröckeln

Die Börsianer haben Ihre eigene Sprache. Sie sagen nicht: „Die Börse steigt." Statt dessen heißt es: „Die Börse ist freundlich." Hört sich eben besser an und hat sich so eingebürgert. Wenn etwas steigt, dann ist es freundlich. Wenn es aber richtig nach oben schießt, dann ist die Börse fest! Eine feste Börse bedeutet einen Kursanstieg von mindestens 1 Prozent und mehr. Ab 5 Prozent sprechen viele auch von einer Kursexplosion. Börsianer neigen halt zu starken Worten.

Wenn's mal nicht so richtig läuft, dann ist die Börse lustlos. Bei einer lustlosen Börse weiß keiner so richtig, was er tun soll. Verkaufen oder kaufen, allgemeine Orientierungslosigkeit. Manchmal bröckeln die Kurse auch. Das ist dann der Fall, wenn es erst leicht nach oben geht, dann aber wieder nach unten. Dann bröckeln die Kurse ab. Das kann man bildlich gut nachvollziehen. Es gibt aber auch Tage, da zeigen sich die Aktien behauptet. Behauptet ist die Sache dann, wenn trotz schlechter Einflüsse die Börse nicht richtig fallen will. Alle sagen, die Nachrichten sind schlecht für Aktien, trotzdem fällt die Börse nicht, dann ist sie behauptet. Die Kurse halten sich dann etwa auf Vortagsniveau. Und was bedeutet „uneinheitlich"? Manche Kurse gehen nach oben, andere nach unten. Das ist wirklich uneinheitlich ... Von einem Kursrutsch spricht die Börse, wenn es auf einmal nach unten knallt. Passiert oft bei überraschend negativen Nachrichten. Wenn ein Unternehmen zum Beispiel plötzlich bekanntgibt, daß die Gewinne nicht so sprudeln, dann kann es zu einem Kursrutsch bei der Aktie kommen. Sie sehen: Es ist zwar eine besondere Sprache, die Börsianer oft verwenden, aber man kann sie eigentlich gut verstehen ...

Eiertanz um Bilanz

Eine Bilanz ist einfach langweilig. Überlassen Sie den Bankern und Experten die Lektüre!

Sie brauchen sich nicht durch das graue Zahlenmeer einer Bilanz zu quälen. Was in einer Bilanz steht, ist meist Schnee von gestern, sagt wenig über die Zukunft eines Unternehmens aus. Außerdem kann man Bilanzen auch leicht frisieren. Schwachstellen können versteckt werden, Positives wird übertrieben herausgestellt.

Ich habe es gerade im Jahr 1998 immer wieder gesehen: Trotz offizieller Bilanzen, die von teuren und studierten Wirtschaftsprüfern attestiert (geprüft) wurden – vor unliebsamen Überraschungen ist man nie sicher.

So kam anläßlich eines Jahresabschlusses bei der HypoVereinsbank (einer der größten Banken in Deutschland) heraus, daß man ein Minus von

„Investieren ist kein Spiel, in dem derjenige mit einem IQ von 160 diejenigen mit einem IQ von 130 schlägt. Vernunft ist wesentlich.“

US-Milliardär Warren Buffett

3,5 Milliarden DM entdeckt hatte. 3 500 000 000 DM sind nicht wenig. Es war ein Verlust, der schon lange Jahre vorher in den Büchern schlummerte. Das Kredithaus hatte sich mit Immobilien verspekuliert! Aber das hätte auch schon viel früher auffallen können, denn 3,5 Milliarden DM sind schließlich kein Pappenstiel!
Aber nein – lange Zeit wurde dieser Verlustbrocken verschwiegen. In keiner noch so langen Bilanz tauchte der Verlust auf. Und dann hat man ihn plötzlich entdeckt. Und alle Verantwortlichen taten so, als wären sie völlig überrascht. Ich erinnere mich noch, daß viele Börsianer darüber sehr erzürnt waren. Der Kurs der HypoVereinsbank fiel bei Bekanntwerden dieses Skandals erheblich. Niemandem – keinem Experten und keinem Bankfachmann – war vorher irgend etwas aufgefallen. Die Bilanzen waren in Ordnung – offiziell! An diesem Fall sehen Sie, was Bilanzen wert sind: nichts!
Es ist nicht der einzige Vorfall dieser Art bei großen Unternehmen.
Kümmern Sie sich um die Visionen eines Unternehmens. Schauen Sie in die Augen eines Vorstandssprechers (Chef der AG), gucken Sie sich die Führungsriege an. Welche Zukunft haben die Produkte, die das Unternehmen herstellt? Würden Sie diesen Männern Ihr Geld anvertrauen? Nichts anderes machen Sie ja schließlich, wenn Sie Aktien eines Unternehmens kaufen.

Freibier + Geschenke

... erhalten Sie oft, wenn Sie eine Hauptversammlung besuchen.
Einmal im Jahr treffen sich die Aktionäre eines Unternehmens. Da ist dann immer ordentlich was los. Bei großen Firmen wie der Deutschen Telekom sind bis zu 10 000 Aktionäre anwesend. Bei kleineren Firmen kommen nur eine Handvoll Aktionäre. Da ist es dann oft richtig gemütlich, und man bespricht alles bei einem Bier.
Die Hauptversammlung ist der große Tag für die Anteilseigner! Da geht es dann auch schon mal heiß her.
Die Hauptversammlung hat einen besonderen Zweck: Da müssen nämlich die Unternehmenslenker Rechenschaft ablegen über das, was sie das ganze Jahr über so angestellt haben. Jeder Aktionär hat das Recht, an so einer Hauptversammlung teilzunehmen. Eine einzige Aktie genügt! Schon eine einzige Aktie berechtigt Sie zur Teilnahme an solchen Versammlungen. Die Einladung wird Ihnen automatisch und rechtzeitig durch Ihre Bank zugeschickt! Das ist dann Ihre Eintrittskarte und Ihr Stimmrecht. Denn am Ende wird abgestimmt, ob die Aktionäre einverstanden sind mit dem, was die Unternehmensführung machen will – oder auch nicht. Jeder Aktie entspricht eine Stimme.
Ich kenne Leute, die haben von jeder

Gesellschaft nur eine Aktie. Sie haben damit das Recht, auf die Hauptversammlung zu gehen. Dort kommt man nur rein, wenn man Aktionär ist. Diese 1-Aktie-Menschen verfolgen meist zwei unterschiedliche Ziele: Die einen wollen einfach nur mitreden und die Geschäftsberichte durchstöbern, die übrigens auch automatisch zugeschickt werden. Die anderen wollen einfach nur Freibier – um es mal so salopp auszudrücken. Es gibt mittlerweile viele Rentner und andere Menschen, die Zeit haben. Denen macht es Spaß, von Hauptversammlung zu Hauptversammlung zu reisen. Sie wollen einfach nur dabeisein! Denn da ist immer was los. Und man bekommt oft eine kleine Mahlzeit und ein kleines Geschenk. Bei Bayer sind es zum Beispiel Kosmetikartikel. Oft wird eine kleine Aufmerksamkeit dargereicht – schließlich will man seine Anteilseigner ja gütig stimmen. Und satt werden ist schließlich auch wichtig, weil ein leerer Magen aggressiv macht.

Manchmal gehen solche Veranstaltungen stundenlang. Es wird debattiert und heftig diskutiert, oft auch emsig gestritten. Am Ende steht immer die Abstimmung, und dann muß sich die Mehrheit der Aktionäre für oder gegen etwas entscheiden. Es hat sich – übrigens nicht nur in Deutschland – ein richtiger Hauptversammlungstourismus entwickelt. Das sind Aktionäre, die durch die Lande ziehen und bei „ihrem" Unternehmen nach dem Rechten schauen. Sie wollen einfach mal die Chefs kennenlernen. Manager zum Anfassen. Gerade bei kleineren Unternehmen ist das richtig spannend, und ich kann Ihnen nur empfehlen, das einmal mitzumachen. Sie werden sehen: Sie bekommen ein ganz anderes Verhältnis zu „Ihrer" Firma. Denn eigentlich sind Sie der Chef! Sie entscheiden. Die Manager sind nur dazu da, Ihr eingesetztes Kapital verantwortungsvoll und wertsteigernd einzusetzen. Da sollten Sie also unbedingt ein Wörtchen mitreden. Jeder Aktionär hat übrigens Rederecht auf solchen Hauptversammlungen. Die Anzahl der Aktien spielt keine Rolle.

Manchmal geht es auf solchen Veranstaltungen extrem turbulent zu. Hier und da hämmern irgendwelche Redner auf das arme Aktionärsvolk ein, versuchen die Mehrheit auf ihre Seite zu bringen. Die Vorschläge sind teils interessant, teils absurd. Andere kritische Beiträge sind durchaus interessant, gefallen dann aber den Managern wieder nicht. Wer läßt sich schon gerne beschimpfen? Aber auch das passiert auf Hauptversammlungen.

Manchmal wird ein Redner auch schon mal mit Gewalt nach draußen befördert. So zerrte man vor einigen Jahren gar einen Professor vom Rednerpult bei einer Hauptversammlung von Daimler. Das war

dann ein großes Tohuwabohu! Unter lautem Geschrei wurde der Mann von muskulösen Saalwächtern nach draußen getragen. Der Betroffene wehrte sich natürlich mit Händen und Füßen. Er hatte vorher in einer langen Rede das Management der Lüge und der Unfähigkeit bezichtigt. Die „Angeklagten" haben sich das nicht lange bieten lassen und den Professor kurzerhand beseitigt.
Das ist aber nicht die Regel. Doch es zeigt: Auf einer Hauptversammlung kann man was erleben. Sie sollten sich das nicht entgehen lassen!

Übrigens: Die Kosten, die Ihnen für den Besuch von Hauptversammlungen entstehen (Reisekosten, Tagesspesen) können Sie von der Steuer absetzen.

Shareholder value

Ich sagte Ihnen ja schon, daß die Börsianer ihr Börsenlatein sehr lieben. In der letzten Zeit kommen aber noch ein paar andere Begriffe hinzu, die aus den USA herübergeschwappt sind. Einer von diesen Begriffen ist der *Shareholder value* (sprich: schärholder välju). Darunter versteht man, daß ein Unternehmen alles tun soll, was dem Wohle des Aktionärs dient. Und was dient dem Aktionär? Natürlich höhere Kurse und üppige Ausschüttungen.
Kein Wunder, daß dieser Begriff in der Öffentlichkeit oft sehr aggressiv diskutiert wird. Besonders die Gewerkschaften rannten Sturm gegen Aktionäre, die *Shareholder value* forderten. Oft fiel das Wort in Zusammenhang mit Entlassungen und Rationalisierungen. Weniger Arbeiter bei gleicher Leistung. Damit steigt der Gewinn. Und mehr Gewinn – darüber freut sich der Aktionär!
Die Gewerkschaften haben mal wieder, wie so oft, falsch verstanden. Erstens, wenn Rationalisierungen notwendig sind, um das Unternehmen gesund zu erhalten, dann ist das nicht nur gut für den Aktionär, sondern auch für die verbliebenen Arbeitskräfte. Was nutzt Arbeit für alle, wenn die Firma am Ende pleite geht? Dann sitzen alle auf der Straße.
Darüber hinaus ergibt sich *Shareholder value* natürlich auch, wenn man mehr Leute einstellt und damit mehr Produkte erzeugt und dadurch schließlich die Gewinne erhöht. Aber diesen Aspekt des *Shareholder value* übersehen viele einäugigen Zeitgenossen. Geht's der Firma gut, dann freuen sich die Aktionäre und die Arbeiter bzw. Angestellten. Auch das ist *Shareholder value*!

Was heißt DAX?

An der Börse gibt es einige tausend Aktien von unterschiedlichen Unternehmen. Daraus hat man verschiedene Übersichten hergestellt. Die wichtigste Aktienübersicht in Deutschland ist der DAX, das ist die Abkürzung für DEUTSCHER AKTIEN-INDEX. Er wird auch Dax-30 genannt, denn darin sind die 30 wichtigsten und größten deutschen Aktien enthalten. Unternehmen, die Sie alle kennen. Diese Unternehmen bilden die Bundesliga der Börse!

DOW JONES, Nikkei, Euro-STOXX

So wie in Deutschland gibt es auch in anderen Ländern eine Zusammenstellung der wichtigsten Aktien. Was in Deutschland der DAX, das ist in den USA der Dow Jones. Darin sind die größten Aktien des Landes enthalten. Viele Werte kennen Sie. Zum Beispiel Coca-Cola, McDonald's, Boeing. Die Hauptbörse befindet sich in New York an der Wall Street. Deshalb spricht man auch oft nur von der „Wall Street", wenn man die Börse in den Vereinigten Staaten meint.

Die Börse in den USA ist die wichtigste weltweit. Viele Leute schauen auf den Dow Jones. Wenn dieser Index kräftig fällt (wenn also die meisten Aktien im Kurs zurückgehen), dann fallen meistens auch die anderen Börsen. Die Börsianer sagen: „Wenn die Wall Street hustet, kriegen die anderen Börsen Schnupfen."

Die zweitwichtigste Börse der Welt befindet sich in Tokio, Japan. Die größten Aktien in Japan sind im Nikkei-Index zusammengefaßt. Auch hier gibt es Namen, die jeder kennt. Zum Beispiel Sony, Toshiba, Nissan.

Jede Börse in jedem Land hat mindestens einen wichtigen Index. Auf diese Weise kann jeder sofort erkennen, wie es um die Aktien des Landes bestellt ist. Sinkt der Index, bedeutet das immer, daß die meisten Aktien im Kurs gefallen sind. Steigt der Index, dann sind die meisten Papiere mehr wert.

In Zukunft wird auch der Euro-STOXX immer wichtiger. Im Euro-STOXX sind die 50 wichtigsten börsennotierten Unternehmen Europas enthalten. Zum Beispiel Philips, FIAT, Allianz. Hier finden Sie neben den ganz großen deutschen Werten die größten Unternehmen aus den Ländern, die bei der Währungsunion mitmachen. Eine ausführliche Liste habe ich Ihnen auf Seite 40 zusammengestellt.

Blue Chips auf XETRA

... hört sich an wie Begriffe aus einem Science-Fiction-, einem Zukunftsroman. Damit das nicht so bleibt, möchte ich Ihnen noch ein paar wichtige Börsenbegriffe nennen. Man muß sie aber nicht unbedingt kennen:

Blue Chips zum Beispiel sind die größten Aktien in einem Land. Blue Chips in Deutschland, das ist immer die Aktienbundesliga: Daimler, RWE, VW – also alle Aktien, die im DAX

enthalten sind. Blue Chips in den USA: Coca-Cola, McDonald's, Boeing – um nur einige zu nennen. In jedem Land gibt es Blue Chips. Wenn man irgendwo Blue Chips kauft, dann sind damit immer die größten und besten Aktien des Landes gemeint.
XETRA wird Ihnen bestimmt auch irgendwann mal begegnen, wenn Sie sich bisher noch nicht für die Börse interessiert haben. XETRA ist nicht der Name eines fernen Planeten, sondern damit ist das elektronische Handelssystem der Börse (E**x**change **e**lectronic **tra**ding) gemeint. XETRA ist die Computerbörse, die die normale Börse wohl bald total ersetzen wird.
Die normale Börse nennt man auch Parkettbörse. Parkett ist der Boden, auf dem die Börsianer stehen. War halt früher oft aus Holz und ist es in Frankfurt auch heute noch.
Man spricht auch vom Parketthandel, das sind dann die Aktien, die dort über den Tresen gehen. Außer Parketthandel wird auch noch vom Präsenzhandel gesprochen. Präsenz heißt da sein, vorhanden sein. Es ist also eine Börse, bei der Händler da sind und irgendwas machen – ganz im Unterschied zur Computerbörse. Auf die Kurshöhe hat das alles aber keinen Einfluß. Eine Degussa oder eine Karstadt kostet auf dem Parkett genausoviel wie im Computerhandel XETRA. Für Sie ist das auch unwichtig. Wenn Sie eine Aktie kaufen, läuft das sowieso dort ab, wo es gerade für Sie am günstigsten ist.
Der Parketthandel fängt um halb neun an und geht an normalen Werktagen bis 16.30 Uhr. Die Computerbörse XETRA beginnt ebenfalls um halb neun, endet aber erst um 17 Uhr. Das ist auch der Grund, warum Sie manchmal bei DAX-Ständen unterschiedliche Werte sehen. Der Parketthandel bezieht seinen Schlußstand und damit auch seine Veränderung auf 16 Uhr 30 des Vortages. Der XETRA-Handel vergleicht mit 17 Uhr des Vortages, und in der letzten halben Handelsstunde kann halt noch einiges passieren.

3. Die Welt der Aktien

Weltweit gibt es etwa 50 000 verschiedene Aktien. Die können Sie alle bequem von Deutschland aus kaufen.
Viele davon werden auch an den deutschen Börsen gehandelt. Da die Börsenwelt aber jedes Jahr näher zusammenwächst, wird es irgendwann egal sein, wo eine spezielle Aktie ihre Heimatbörse hat.

Die Aktien-Bundesliga

Ich möchte Ihnen jetzt erst mal die wichtigsten Aktien in Deutschland vorstellen. Viele Namen werden Sie wahrscheinlich schon kennen. Außerdem machen wir dann noch einen Ausflug zu besonderen Aktien, die in letzter Zeit eine immer wichtigere Rolle spielen. Beginnen wir jedoch erst mal mit den größten Werten in Deutschland. Die Aktien sind praktisch aufgeteilt wie kleine und große Fußballvereine. Die größten Unternehmen bilden sozusagen die Bundesliga.

Jede dieser Aktien hat jeden Tag einen anderen Preis. Auch innerhalb eines Tages ändern sich die Kurse oft. Sogar minütlich schwanken die Preise. Da man nicht immer alle Aktien auf einmal im Blick halten kann, schaut man eben auf den DAX. Der DAX ist die Summe dieser Top-30-Unternehmen. Wenn man alle Aktienkurse dieser Firmen zusammenzählt, dann hat man den DAX! Der DAX ist ein Index. Ein Index ist nichts anderes als ein Kursbarometer, die Summe aus vielen Aktien.

Warum braucht man einen Index? Damit man auf einen Blick sagen kann, ob die Börse eher gestiegen oder gefallen ist. Denn wenn die meisten Werte in einem Index weniger wert werden, dann verringert sich auch der Index. Der Index ist also ein Kursbarometer. Wenn Sie hören, daß der DAX gefallen ist, dann bedeutet das einfach, daß die meisten Aktien gefallen sind, weniger wert wurden. Außerdem gibt ein Index Auskunft über die Qualität und Größe eines Unternehmens. Im DAX sind nur deutsche Elite-Unternehmen enthalten. Generell kann man sagen, daß Aktien bzw. Unternehmen, die im DAX

Die Top 30 in Deutschland:

Adidas Salomon	Henkel	Preussag
Allianz	Hoechst	RWE
BASF	HypoVereinsbank	SAP
Bayer	Karstadt	Schering
BMW	Linde	Siemens
Commerzbank	Lufthansa	Telekom
Daimler-Chrysler	MAN	Thyssen
Degussa	Mannesmann	VEBA
Deutsche Bank	Metro	VIAG
Dresdner Bank	Münchener Rück	VW

vertreten sind, zu den größten und sichersten gehören. Wenn Sie also Aktien aus dem DAX kaufen, dann gehen Sie das geringste Risiko ein …

Die zweite Liga

Außer dem DAX gibt es noch den M-Dax. M bedeutet „Mittel". Im M-Dax werden 70 mittlere Unternehmen zusammengefaßt. Also nicht die großen, nicht die kleinen, sondern diejenigen Firmen, die von der Größe her dazwischen liegen. Auch hier gibt es feine Adressen.
Ich habe Ihnen eine kleine Auswahl der wichtigsten mittelgroßen Unternehmen in Deutschland zusammengestellt. Viele Namen werden Sie bereits kennen. Sie alle werden im M-Dax zusammengefaßt.

Die kleinen Stars:	
Beiersdorf	– Kosmetik (Nivea)
Bilfinger + Berger	– Bau
Brau und Brunnen	– Bier (Warsteiner)
Continental	– Reifen
Douglas	– Parfümerie
Escada	– Mode
FAG Kugelfischer	– Autozulieferer
Fielmann	– Brillen
Gerresheimer Glas	– Verpackung
Grohe	– Armaturen
Hochtief	– Bau
Merck	– Pharma, Medikamente
Metallgesellschaft	– Mischkonzern
Porsche	– Nobelautos
Pro 7	– Fernsehen
Puma	– Sportartikel
Wella	– Haarkosmetik

Neuer Markt

Einige neue Börsianer dachten tatsächlich am Anfang, der sogenannte Neue Markt sei etwas für Neueinsteiger an der Börse. Dem ist natürlich nicht so. Aber der Neue Markt ist dennoch eine der interessantesten Abteilungen an der Börse. Hier finden Sie neue, junge Unternehmen. Meistens haben die Firmen nur ein kurzes Leben hinter sich, haben also noch nicht richtig unter Beweis gestellt, daß sie auch Höhen und Tiefen meistern. Aber: Es sind oft Unternehmen mit Visionen, zukunftsträchtigen Arbeitsgebieten. Und hier spielt oft die Musik: Wenn einem jungen Unternehmen der Durchbruch gelingt, dann schießt der Aktienkurs natürlich in die Höhe. So zum Beispiel bei Mobilcom, SER oder EM.TV. Diese Firmen sind im Neuen Markt. Wenn sie nach einer gewissen Zeit ihre Bewährungsprobe bestanden haben, dann können sie in die obere

„Die Zukunft ist niemals klar: Schon für ein bißchen Gewißheit muß man einen hohen Preis zahlen. Unsicherheit ist deshalb der Freund von Langfrist-Investoren.“

US-Milliardär Warren Buffett

Liga der Börse aufrücken. Solche Kandidaten sind zum Beispiel Mobilcom und LHS.

Kursraketen des Neuen Marktes:

AIXTRON

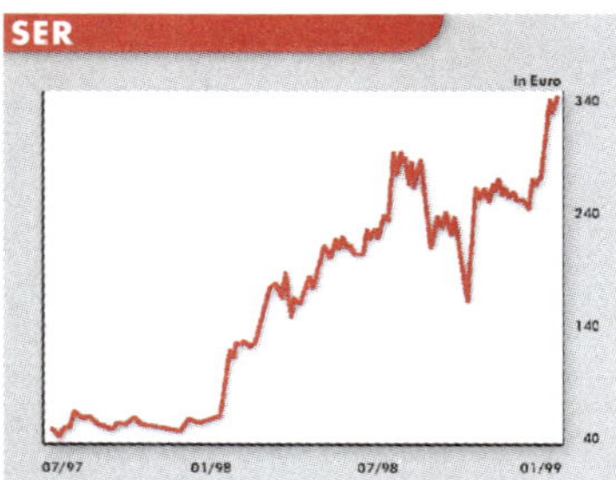

SER

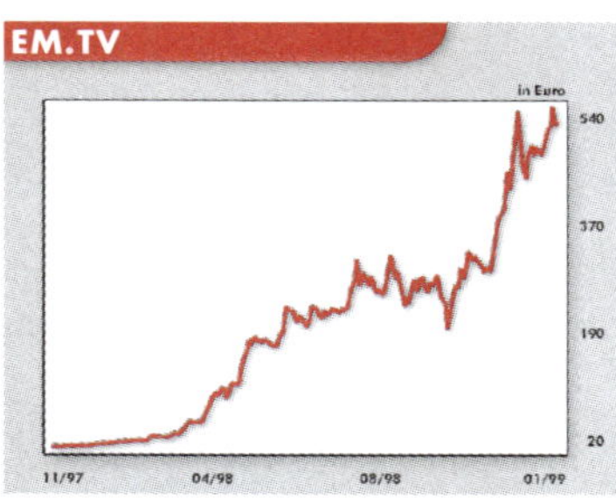

EM.TV

Die Erfolgsstories des Neuen Marktes

Der Neue Markt ist sicherlich der spekulativste Teil der Börse. Oft werden für ein Unternehmen nur hohe Kurse bezahlt, weil viele meinen, daß der Durchbruch kurz bevorsteht. Kommt der Erfolg dann doch nicht, fällt die Aktie wieder in sich zusammen. Ich habe schon viele heftige Diskussionen gehört zu der Frage, ob einzelne Aktien des Neuen Marktes nicht zu teuer seien. Am interessantesten war der Streit um Mobilcom. Fast alle Experten betonten im Verlauf des Kursanstiegs immer wieder, daß die Aktie nun zu teuer sei – und sie stieg trotzdem! Immer weiter, immer höher! Hätten Sie gedacht, daß Telekommunikation so erfolgreich würde? Hätten Sie Mobilcom diese Erfolgsstory zugetraut? Jedenfalls – die Experten waren skeptisch. Immer wieder gab es sogar Verkaufsempfehlungen. Soviel zunächst mal zum Thema Börse und Profis. Hören Sie nicht auf sie! Bilden Sie sich eine eigene Meinung! Und Geduld! Geduld ist das allerwichtigste. Und wenn Sie einmal auf ein richtiges Pferd gesetzt haben – satteln Sie nicht um! In der Regel zeigt sich, daß Aktien, die einmal steigen, ihre Reise nach oben so schnell nicht beenden.

Der Neue Markt – spekulativ + wachstumsstark

Der Neue Markt wächst ständig. Hier eine kleine Auswahl der wichtigsten Aktien:

Aixtron	– Leuchtdioden, Hightech
Brokat	– Verschlüsselungssoftware für Banken
CE Consumer	
Drillisch	– Telefon
Edel Music	– Musik
Electronic	– Chiphändler
Elsa	– Computer, Modems, Grafik
EM.TV	– Fernsehrechte (Tabaluga)
Intershop	– Internet
Kinowelt	– Fernsehrechte
LHS	– Telefonabrechnungen
Mensch und Maschine	– CAD
Mobilcom	– Telefon
PSI	– Software für Mittelstand
Qiagen	– Biotechnologie
SCM	– Verschlüsselungstechnik
Teles	– Telefonzubehör/ Internet

Bei den Aktien des Neuen Marktes können Sie leider nicht zurückverfolgen, wie sie sich in den letzten zehn Jahren entwickelt haben. Einige dieser Aktien gibt es erst seit 1996, die meisten haben noch viel später das Licht der Börse erblickt.
Immer wieder kommen neue, aufregende Unternehmen an den Neuen Markt. Sie alle müssen aber erst noch beweisen, daß sie auch in Zukunft überlebensfähig sind. Deshalb ist hier auch das Risiko am größten.
Am Anfang sollten Sie sich nicht so stark mit dem Neuen Markt befassen. Einige Unternehmen sind zwar recht vielversprechend. Trotzdem: Die Gefahr, daß Sie hier einen Verlierer erwischen, ist viel größer als bei den DAX- oder den großen Euro-Aktien ...

Euro-Aktien

In naher Zukunft schon werden die Börsen in den einzelnen Ländern Europas keine große Rolle mehr spielen. Es wird dann nur noch ein wichtiges Kursbarometer für Europas beste Aktien geben.
Die wichtigsten Aktien im Euro-Land sind schon jetzt zusammengefaßt unter dem Namen Euro-STOXX 50. Die 50 größten und besten Unternehmen in der zukünftigen Euro-Zone sind hier versammelt. Wenn Sie also in die Zukunft investieren wollen, dann am besten mit einem dieser großen europäischen Unternehmen. Welches, ist egal. Erinnern Sie sich an den Test für Ahnungslose zu Beginn dieses Buches. Ich nenne Ihnen nun die wichtigsten europäischen Aktien. Sie können ja selbst nachprü-

Mit diesen Aktien können Sie nichts falsch machen!

Die Größten und Besten in Europa

Aegon	– Versicherungen (Niederlande)
Akzo	– Chemie (Niederlande)
Allianz	– Versicherung (D)
Allied Irish Bank	– größte Bank Irlands
Banco de Bilbao	– große spanische Bank
Bayer	– Chemie (D)
Carrefour	– Kaufhaus (Frankreich)
Daimler-Chrysler	– Autos, Luft- u. Raumfahrt
Deutsche Bank	– Bankhaus (D)
Deutsche Telekom	– Telefon/Internet (D)
ENI	– Energie (Italien)
FIAT	– Autos (Italien)
France Telecom	– Telefon (Frankreich)
L'Oréal	– Kosmetik (Frankreich)
Lufthansa	– Airline (D)
LVMH	– Luxusartikel (Frankreich)
Mannesmann	– Telefon (D)
Philips	– Elektronik (Niederlande)
Portugal Telecom	– Telekom Portugals
Royal Dutch	– Öl (Niederlande)
RWE	– Energie (D)
Siemens	– Elektronik (D)
Telecom Italia	– Telefon (Italien)
Telefónica	– Telefon (Spanien)
Unilever	– Waschmittel (Niederlande)
Veba	– Energie (D)

fen, wo sie vor zehn Jahren standen. Viele haben in der Vergangenheit ihren Wert vervielfacht. Dies wird auch in Zukunft so sein. Setzen Sie auf die besten Europa-Pferde.

Diese Aktien spielen in Europa in Zukunft die wichtigste Rolle. Suchen Sie sich einfach welche aus. Wie Sie vorgehen, ist gleichgültig. Aber nehmen Sie nicht mehr als zehn. Und wenn möglich aus jedem Land mindestens eine. Genauso arbeiten übrigens die Fonds auch. Alle diese Aktien kann man bequem in Deutschland kaufen. Falls Sie im Ausland wohnen: Dort sind diese Werte genauso unkompliziert zu bekommen.

Euro

Am 1. Januar 1999 wurde in den Teilnehmerstaaten der Währungsunion der Euro eingeführt. Auch wenn Sie ihn noch nicht im Geldbeutel haben – an der Börse ist schon alles in Euro umgerechnet. Damit werden die Kurse an den internationalen Börsen vergleichbarer. Faustregel: Euro mal 2 ergibt den alten DM-Kurs. Hier ein Überblick über die Wechselkurse, die übrigens am 31. Dezember 1998 unverrückbar festgelegt wurden.

Soviel kostet 1 Euro	
Irisches Pfund	0,787564
D-Mark	1,95583
Niederländischer Gulden	2,20371
Finnmark	5,94573
Französischer Franc	6,55957
Österreichischer Schilling	13,7603
Belgischer Franc	40,3399
Luxemburgischer Franc	40,3399
Spanische Peseta	166,386
Portugiesischer Escudo	200,482
Italienische Lira	1936,27

Computer-Aktien

Mit der zunehmenden Computerisierung haben diese Aktien in den letzten Jahren eine phantastische Rallye hingelegt. Mit kaum einer Aktiengattung war soviel Geld zu verdienen wie mit den Computer-Aktien. Die Börsianer sprechen in diesem Zusammenhang von „High-tech", also der Hochtechnik. Damit sind nicht nur Hersteller von normalen Computern gemeint, sondern auch Firmen, die im weitesten Sinne etwas damit zu tun haben. So zum Beispiel Chip-Bauer, oder Komponenten-Zulieferer (zum Beispiel Grafikkarten, Soundkarten, Modems usw.).

Da der Computer unser Leben verändert und weiterhin verändern wird, sind entsprechende Aktien sehr gefragt. Die Anleger sagen sich: Computer, das ist Zukunft. Und in der Tat: Die Verkaufszahlen gehen ständig nach oben. Für Computer und entsprechendes Zubehör.

Eine der größten Computerfirmen für den privaten Bereich ist Compaq – den Namen werden Sie sicherlich kennen. Auch Dell ist ein weltbekannter Name. Die Firma verkauft nicht über Geschäfte, sondern über das Internet. Deshalb sind die Preise etwas günstiger. Das Unternehmen wurde von einem Mann gegründet, der anfangs nichts anderes als eine gute Idee hatte: Michael Dell. Computerverkauf auf Anruf, sozusagen. Ohne den Umweg über ein Geschäft. Ohne teures Personal. Heute ist Michael Dell Milliardär, und sein Unternehmen verkörpert eine typische amerikanische Erfolgsgeschichte.

Apple ist mit einem eigenen Software-System andere Wege gegangen. Lange Zeit stand Apple am Rande des Abgrunds. Doch nun sind die Computer dieser Firma wieder sehr beliebt.
Auch im Fernen Osten gibt es große Computerhersteller. Der bekannteste ist Toshiba. Die Firma machte sich besonders einen Namen durch hochwertige tragbare Computer, die sogenannten Laptops.
National Semiconductor liefert hochwertige Zubehörteile für Computer und ist besonders im Bereich der Chips tätig.
Zu den alten Computer-Riesen zählt natürlich auch IBM, ein Name, der aus dem Geschäftsleben nicht mehr wegzudenken ist!
Oft gibt es an den Börsen rund um den Globus einen regelrechten Computer-Aktien-Rausch. Da kaufen plötzlich alle wie wild diese speziellen Werte, und die Kurse schießen in die Höhe.
Dann gibt es wieder nachdenklichere Phasen, in denen viele Experten zu hören sind, die das alles gar nicht so euphorisch sehen. Dann sinken Computer-Aktien ziemlich schnell! Was ich damit sagen will: Computer-Aktien sind sehr schwankungsfreudig und daher eher nicht für den Anfänger geeignet. Wenn Sie aber ans nächste Jahrtausend denken, dann können Ihnen die Schwankungen von heute dennoch egal sein.

Die größten Computer-Aktien weltweit:

Compaq
DELL
IBM
Toshiba
Apple
National Semiconductor

Internet-Aktien

So wie der Computer bis jetzt schon in unser Leben eingegriffen hat, wird auch das Internet unser Leben verändern. Und dies wohl in einer Weise, wie wir es uns bisher kaum vorstellen können.
Meine Prognose: Im nächsten Jahrtausend werden wir über den Telefondraht fast alles machen können: Tausende Fernsehprogramme empfangen, einkaufen, Reisen buchen, Kasinos besuchen, Bücher kaufen, Arztbesuche abwickeln, Menschen in aller Welt im Wohnzimmer besuchen (per Kamera)!
Vieles davon ist schon jetzt Wirklichkeit. Doch derzeit verfügt nur ein geringer Teil der Erdbevölkerung über einen Internet-Zugang.
Dies wird sich aber in absehbarer Zeit ändern. Die Zuwachsraten sind so stark, daß sie kaum ein Experte richtig voraussagte. Eine aktuelle Studie ergab allein, daß sich der Handel im Internet alle hundert Tage ver-

doppelt. Also: Demnächst kaufen Sie Ihre Brötchen nicht beim Bäcker, sondern Sie ordern sie per Internet, und die Semmeln werden ins Haus geliefert …

Neue Techniken beschleunigen die Übertragungsraten. Demnächst werden mehr Menschen ihre Informationen übers Internet beziehen als über Radio und Fernsehen, das ist meine Prognose!

Angesichts solcher Aussichten sind Internet-Aktien natürlich keine schlechte Wahl. Leider sind darauf aber auch schon andere Anleger gekommen. Bei den Internet-Aktien sind die Schwankungen noch stärker als bei den Computer-/Hightech-Aktien. Aber auch hier meine Prognose: In einigen Jahren schon werden wir lachen, wie billig diese Aktien heute waren. Und viele werden sich ärgern, daß sie „damals" nicht mit dabei waren.

Einige Erfolgsstories aus dem Internet: AOL entwickelt sich zum globalen Riesen für Internetzugänge. Auch Microsoft läßt sich die Chance nicht entgehen. Das Unternehmen stellt Software her (Browser), um das Leben im Internet sichtbar zu machen. Außerdem bietet Microsoft verschiedene Internet-Angebote, von Finanzberichterstattung bis zur Unterhaltung. Ähnlich sieht es bei Netscape aus – einer Firma, die von AOL praktisch aufgekauft wurde.

Amazon.com ist der größte Buchladen im Internet. Weltweit kann man über Amazon.com Bücher bestellen, die anschließend direkt ins Haus geliefert werden.

Bei eBAY kann man Trödel und andere Dinge via Internet verkaufen! Der Trödelladen um die Ecke gehört damit der Vergangenheit an.

Yahoo! bietet eine der größten Suchmaschinen im Internet. Ganz wichtig, um sich im Netz der Netze zurechtzufinden.

Intershop verkauft Computerprogramme, die das Einkaufen im Internet ermöglichen. Brokat ist mit Verschlüsselungsprogrammen im Bankensektor tätig. Und Cybernet

Die bekanntesten Internet-Aktien:

AOL	– Internetzugänge
Microsoft	– versch. Internet-Angebote, Browser
Amazon.com	– Buchhändler
eBAY	– Gebrauchtwarenladen
Netscape	– Browser
Yahoo!	– Suchmaschine
Intershop	– Software für Internet-Kaufhäuser
Brokat	– Verschlüsselungs-Software für Banken
Cybernet	– Internetzugänge + Kommunikation

ist ein großer europäischer Internetanbieter, der sich hauptsächlich an Geschäftskunden wendet.
Alle diese Aktien haben bereits einen riesigen Anstieg hinter sich. Viele Experten finden das übertrieben. Doch die Zukunft gehört sicherlich dem Internet ...

Software-Aktien

Damit Computer überhaupt funktionieren, damit man im Internet bequem herumspringen kann, braucht man Computerprogramme. Das englische Wort für Computerprogramme: Software.
Das Geschäft mit der Software boomt, und es ist sehr zukunftsträchtig. Denn ohne Software/Computerprogramme funktioniert auch nichts mehr auf dieser Welt.
Die großen Firmen haben sich die Welt der Computerprogramme aufgeteilt. Die eine ist mehr für die Organisation eines Betriebes geeignet (zum Beispiel SAP), die andere spielt bei Heimcomputern eine wichtige Rolle (Microsoft/Windows).

Die größten Software-Aktien
SAP
Microsoft
People Soft
IBM
Oracle

Wiederum andere Firmen haben sich auf das Internet konzentriert (Netscape) oder auf Produktionsabläufe (Mensch und Maschine).
Auch diese Aktien haben eine große Zukunft vor sich. Allerdings sind auch hier die Schwankungen sehr stark, so daß sie sich nicht so sehr für Anfänger eignen. Unten links eine kleine Auswahl.

Biotech-Aktien

Genauso wie Computer und Internet unser Leben verändern, spielt sich derzeit Entscheidendes in der Welt der Biologie ab. Immer tiefer dringen die Forscher in die kleinsten Teile der Zellen ein und versuchen die Geheimnisse des Lebens zu erkunden.
Die Biotechnik wird es in Zukunft ermöglichen, Erbkrankheiten zu heilen, den Krebs zu besiegen und viele Seuchen auf der Welt auszurotten.
Natürlich gibt es auch hier eine Kehrseite der Medaille! Die Möglichkeit des Klonens wird derzeit heiß diskutiert.
Trotzdem: Bleiben Sie auch auf diesem Gebiet optimistisch! Die Chancen überwiegen die Risiken. Genauso, wie man mit einem Messer Brot schneiden oder operieren kann, kann man damit auch töten. Trotzdem würde niemand auf die Idee kommen, Messer zu verbieten. Die Biotechnik wird eine neue Dimension in unsere Welt bringen! An die-

ser vielversprechenden Entwicklung können Sie per Aktie profitieren. Hier eine kleine Auswahl:

Die größten Biotech-Aktien:
Amgen **Biogen** **Qiagen** **Medimmune**

Medien-Aktien

Große Filme, weltumspannende Fernsehsender, Hollywood-Studios – wer möchte da nicht mit dabeisein! Die Filmproduktion ist zwar nicht ganz ohne Risiko, doch wenn ein Film einmal läuft, dann klingeln die Kassen, und Sie können als Aktionär mit dabeisein. Der meistgesehene Film aller Zeiten war übrigens „TITANIC". Allein in Deutschland gab es fast 18 Millionen Besucher. Die großen Konzerne sind aber nicht nur auf das Filmemachen spezialisiert, sondern haben auch noch andere Geschäftsbereiche. Und das ist auch gut so, denn manchmal kann ein Film ja auch ein Flop werden. Manche betreiben „nebenher" auch noch Fernsehkanäle und große Verlage oder Freizeitparks.

Die größten Medien-Aktien

Time Warner	– CNN, Warner Bros.
Disney	– Micky Maus, Freizeitparks, Touchstone
Viacom	– MTV, Paramount
Seagram	– Universal, Musik

Luxus-Aktien

Wenn Sie schon immer mal bei Tiffany's reinschauen wollten, sich aber nicht trauten, weil Sie kein Geld haben – dann kaufen Sie den Laden doch einfach! Zumindest einen Teil davon in Form einer Aktie. Übrigens: Charles Lewis Tiffany gründete das Geschäft im Jahre 1837. Damals mußte er sich 1000 Dollar leihen, und kaum jemand glaubte an seinen Erfolg. Heute steht der Schmuckspezialist ganz oben.

Luxus-Aktien stehen hoch im Kurs. *„Diamonds are a girl's best friends"* – Doch wer kann sich schon einen Diamanten leisten? Billiger als ein Diamant ist auf jeden Fall eine Aktie von De Beers, dem weltgrößten Diamantenproduzenten!

Wenn Sie mehr auf Champagner stehen, dann kommt vielleicht der französische LVMH-Konzern in Frage. Apropos Champagner: Die Ernte im Jahr 2000 ist schon vollkommen ausverkauft. Für alle Champagner dieses begehrten Jahrgangs wurden Spitzenpreise erzielt. Das sollte sich auch auf den Aktienkurs auswirken.

Luxus-Aktien	
Gucci	– Mode, Trendartikel
LVMH	– Champagner, Cognac, Mode
Tiffany	– Edeljuwelier
De Beers	– Diamanten

Folgende Champagnermarken gehören zu LVMH: Moët & Chandon, Mercier, Pommery, Veuve Cliquot u. a.
Zu LVMH gehört auch der Lederwarenhersteller Louis Vuitton. Die Ledertaschen dieser Firma sind weltberühmt und sehr teuer.
Gucci steht für edle Mode aus Italien. Die Firma kleidet berühmte Persönlichkeiten der High Society und des Showbusiness ein. Die haben ja sicherlich auch genügend Bares – und genau diese Kundschaft spricht Gucci an.

Goldaktien

Ja, auch das gibt es. Sie können sich per Aktie direkt an der Goldsuche beteiligen. Dazu müssen Sie Goldminen-Aktien kaufen. Diese Goldaktien sind eine aufregende Sache. Besonders dann, wenn ein Unternehmen auf eine neue Goldader gestoßen ist.
Wenn die Nachrichten darüber um die Welt gehen, dann schießt der Kurs einer solchen Aktie steil nach oben.
Goldaktien sind natürlich stark vom Goldpreis abhängig. Meistens ist es so, daß in Krisenzeiten das Gold plötzlich anspringt. Das ist dann die goldene Zeit für Goldaktien.
Es gibt sicherlich Tausende Goldminen-Aktien. Die meisten findet man in den USA, Kanada, Australien und Südafrika. Viele kosten nur ein paar Pfennige. Doch Vorsicht: Diese Mini-Firmen gehen schnell pleite. Besonders dann, wenn sie vergeblich nach Gold buddeln.
Wenn Sie in Goldminen-Aktien investieren wollen, dann nehmen Sie am besten die größten! So sind Sie auf der sicheren Seite. Barrick Gold aus den USA ist das größte Goldminen-Unternehmen der Welt! Rund 4 Millionen Feinunzen fördert die Firma pro Jahr zu Tage. Das sind mehr als 100 000 Kilogramm pures Gold. Wer hätte die nicht gern?

Goldminen-Aktien	
Barrick Gold	– USA, die Nr. 1 weltweit
Newmont Mining	– USA
Anglo Gold	– Südafrika
Goldfields	– Südafrika

Fußball-Aktien

Wie Sie ja mittlerweile wissen, gibt es Aktien aus allen Lebensbereichen. Schon seit einiger Zeit haben Fußballvereine entdeckt, daß man sein

„Der dümmste Grund, eine Aktie zu kaufen, ist, weil sie steigt.“

US-Milliardär Warren Buffett

Internationale Fußball-Aktien

Ajax Amsterdam
AEK Athen
Glasgow Rangers
Lazio Rom
Leeds Sports
Tottenham Hotspurs
Manchester United
Grasshoppers Zürich
Newcastle United
Slavia Prag

Geld nicht nur über Eintrittskarten hereinholen kann. Es gibt viele börsennotierte Fußballclubs. Allerdings haben diesen Schritt bisher nur einige ausländischen Vereine gewagt. Und: Es war ein voller Erfolg. Es sind Clubs, die jeder kennt.

Die Aktienkurse solcher Vereine steigen mit dem Erfolg des Clubs. Es ist ein Auf und Ab. Aber nicht nur fanatische Fans investieren in Fußball-Aktien. Es gibt auch professionelle Großanleger, die ihr Geld in König Fußball anlegen. Oft eine lohnende Sache, wenn ein Verein am Boden liegt und sich schließlich nach oben kämpft. Die Spielresultate schlagen sich direkt im Börsenkurs nieder. Für Fußballbegeisterte ist eine entsprechende Aktie sicherlich eine interessante Beimischung im Depot. Ich betrachte ein „Fußball-Investment" aber eher als spaßige Angelegenheit. Als langfristige Anlage ist eine solche Investition kaum zu betrachten! Denn das Steigerungspotential ist doch eher begrenzt.

Dennoch: Wenn man Aktien „seines" Clubs besitzt, dann wird die Spannung beim Spielverlauf enorm gesteigert! Allein dieser Spaß könnte eine solche Investition schon wert sein ...

Europaweit gibt es per Ende 1998 fast 30 Fußballvereine, die Sie an der Börse kaufen können. Die meisten dieser Clubs werden übrigens an den Börsen in Berlin und Stuttgart gehandelt.

Die Ausgabe von Aktien ist für die Vereine eine Lizenz zum Gelddrukken. Den größten Börsencoup aller Zeiten landete 1997 der britische Verein Newcastle United. Der Fußballclub verkaufte Aktien im Wert von rund 140 Millionen DM. Anleger und Fans waren begeistert. Mit diesem Geld konnte Newcastle Topspieler finanzieren, und die Ergebnisse waren entsprechend gut. Besonders bei Europapokal-Spielen kommen die Fußball-Aktien in Bewegung. Jedes Tor ist dann Geld wert. Die Spieler schießen sozusagen den Aktienkurs nach oben!

Aber wehe, wenn ein Verein absteigt! Rapid Wien zum Beispiel hatte 1991 seine Aktien für rund 130 DM verkauft. Knapp drei Jahre später wurde der Börsenhandel ausgesetzt – der Verein stand vor dem Abgrund. Auch in Deutschland denkt man darüber nach, wie die Bundesliga an die Börse gebracht werden kann. Die Vereine geben Aktien aus, und die Fans zahlen.

Fazit: Bevor Sie Ihr Geld im Fußballtoto verballern, kaufen Sie ruhig ein paar Fußball-Aktien. Auch wenn der Verein nicht so gut abschneidet, wie Sie dachten – eine Fußball-Aktie hat eine längere Lebensdauer als der Totoschein.

Aber noch einmal Achtung: Eine Fußball-Aktie ist keineswegs zu vergleichen mit BASF oder VW! Deshalb Fußball-Aktien eher als interessantes Anlage-Spiel betrachten, aber keineswegs sein ganzes Depot damit vollstopfen!

Erotik-Aktien

Ja, auch das gibt es. *„Sex sells"*, Sex verkauft sich gut! Diesen Spruch kennt jeder Geschäftsmann! Und da sich die Weltbevölkerung bisher fast ungehemmt vermehrt, könnte man sogar von einem Wachstumsmarkt sprechen.

Als der Pharmakonzern Pfizer (USA) die erste Potenzpille für den Mann herausbrachte, stieg zuerst der Aktienkurs. Die Pille war besonders in den ersten Wochen ein Verkaufsschlager nie gekannten Ausmaßes. Aber Pfizer ist selbstverständlich kein Erotik-Unternehmen.

Erotik-Aktien gibt es noch nicht sehr viele, abgesehen davon, daß jede Aktie erotisch ist – wenn sie steigt.

Wer kennt ihn nicht – den *Playboy*. Kaum ein Erotikmagazin ist international so bekannt und auch anerkannt. Wer auf solcherlei Veröffentlichungen steht, der kann die *Playboy*-Aktie kaufen. Kürzlich erwarb *Playboy* einen internationalen Erotik-TV-Anbieter und machte sich damit im Fernsehbereich breit. Zu *Playboy* gehören nun auch mehrere „Erwachsenen-TV-Kanäle" und ein spezielles Internet-Angebot. Doch solche „Lust-Aktien" sind nicht immer der große Renner! Dennoch: Die *Playboy*-Aktie erfreut sich schon seit langem der Gunst der Anleger. Aber so richtig in Fahrt kommen wollte sie bisher nicht.

Auch Beate Uhse flirtet mit der Börse. Ob eine Investition in Produkte wie „Glitsch-Flutsch", „Tutti-Frutti-Prickler" oder den „Hunnengurt" auch langfristig Früchte abwirft, wage ich zu bezweifeln. Trotzdem entwickelte sich das Unternehmen Beate Uhse in den letzten Jahren zu einem 100-Millionen-Imperium.

Fazit: Ob Erotik-Aktien immer Lust-Gewinn bescheren, hängt einzig von der Wachstumsstärke des Unternehmens ab. Und da ist es letztlich egal, ob das Geld mit „Popo-Pricklern" oder „Wonne-Paketen" gemacht wird.

Finger weg!

Aktien gibt es schon für ein paar Pfennige. Aber Werte, die wenig kosten, sind deshalb nicht billig. Meistens sind es hochspekulative Papiere. Man sprich auch von *Pennystocks* (Pfennig-Aktien). Der Traum, daß aus ein paar Pfennigen ein paar DM werden, ist bisher fast nie in Erfüllung gegangen. Oft wird auch versucht, unerfahrene Börsianer damit über den Tisch zu ziehen, unter dem Motto: „Es kostet ja nichts".

Bedenken Sie: Man kann einen Zehnmarkschein durch 10 teilen oder durch 100. Wenn man ihn durch 100 teilt, dann ist der einzelne Teil nur noch einen Pfennig wert. Ist dieser eine Teil deshalb billig? Es ist nichts anderes als Augenwischerei!

Oft wird mit diesen Pfennig- oder Mark-Aktien viel Schindluder getrieben. Ich kenne einige, die hier ihr Glück versuchten und alles verloren. Solche Aktien werden oft auch nach oben manipuliert, um Anleger mit ins Boot zu ziehen. Denn wenn eine Aktie mal kräftig steigt, dann schnappen viele nach dem Köder wie ein Fisch nach einem Wurm am Angelhaken. Der Fisch stirbt am Haken. An der Börse beißen den letzten die Hunde.

Ich hab schon Aktien gesehen, die kosteten an der Börse 4 DM und gingen dann auf 50 Pfennig. Damit kann man auch viel Geld verlieren, weil von den Pfennig-Aktien oft Tausende gekauft werden. Es gibt auch viele Betrüger, die solche Aktien direkt verkaufen. Vielleicht haben Sie per Post auch schon mal ein solch fragwürdiges Angebot erhalten? Fallen Sie auf so etwas nicht herein! Einige Hinweise sprechen auch dafür, daß es eine weltweite Mafia gibt, die nur Scheinfirmen gründet, um diese irgendwie an die Börse zu bringen. Solche Firmen bestehen nur auf dem Papier, sind völlig wertlos! Wenn ahnungslose Anleger solche Aktien kaufen, dann ist das so, als wenn man diesen Betrügern das Geld gleich aufs Konto überweist. Die Beweislage ist in solchen Fällen oft schwierig. Und wenn Sie später feststellen, daß Sie reingefallen sind, dann ist es zu spät.

Natürlich gibt es auch einige Aktien, die zu niedrigen Kursen gehandelt werden und trotzdem ganz seriös sind. Nur, darum sollten Sie sich erst kümmern, wenn Sie ein bißchen Erfahrung gesammelt haben. Vorher ist es ein Spiel mit dem Feuer. Es wäre schade, wenn Sie auf diese Weise Ihr sauer verdientes Geld verlieren.

Firmen, die in Konkurs gehen, kosten an der Börse ebenfalls nur ein paar Pfennige. Aber auch hier ist wieder größte Vorsicht geboten. Diese Aktien können teilweise stark schwanken. Nämlich immer dann, wenn irgendein Rettungsanker am Horizont sichtbar wird. Oft sind es aber nur Gerüchte, die vorsätzlich gestreut werden, weil einige Akteure Interesse daran haben, eine Pleite-Aktie nach oben zu bewegen.

Auch hier beißen den letzten die Hunde. Bankrotte Firmen verschwinden über kurz oder lang vom Kurszettel und damit von der Börse. Solche Aktien, mögen sie auch nur Pfennige kosten, gehen mit großer Sicherheit auf Null! So geschehen zum Beispiel mit Bremer Vulkan oder Escom! Für Aktien, die aus großen Höhen in den Pfennigbereich stürzen, gilt generell: nicht anrühren! Schon viele Anleger haben sich dabei die Finger verbrannt. Es wäre schade um Ihr Geld!

Vorsicht – Falle!

Was machen Sie, wenn Sie dreimal hintereinander ein Schreiben kriegen, in dem jeweils ein richtiger Aktientip stand?
Also folgende Aussage: Aktie A steigt nächste Woche. Dann: Aktie B steigt übernächste Woche. Schließlich: Aktie C steigt in der dritten Woche. Alle drei Tips waren richtig. In der vierten Woche werden Sie plötzlich kräftig zur Kasse gebeten, wenn Sie Aktientip Nummer 4 haben wollen. Was machen Sie?
Zahlen Sie? Haben Sie den Eindruck, daß hier wirklich jemand den Stein der Weisen gefunden hat? Dreimal hintereinander ein goldener Tip! Spricht doch eigentlich alles dafür, daß der vierte Tip genauso gut wird – oder? Solche Briefe sind tatsächlich im Umlauf!
Wenn Sie zahlen, sind Sie der Dumme! Ich verrate Ihnen den Trick. Er basiert auf einer ganz einfachen statistischen Methode:
Also: Ich verschicke 40 000 Börsenbriefe mit der Aussage, Aktie A steigt. Jetzt gibt es nur zwei Möglichkeiten: Entweder sie steigt oder sie fällt. Also schicke ich 20 000 Briefe mit der Prognose raus, Aktie A steigt, und 20 000 Briefe mit der Aussage, die Aktie fällt.
Fazit: 20 000 Empfänger haben eine richtige Prognose erhalten.
Weiter: Ich versende in der darauffolgenden Woche wieder Briefe. Dieses Mal an die verbliebenen 20 000 Empfänger, bei denen ich richtig lag. Jetzt teile ich wieder: In 10 000 Briefen schreibe ich, Aktie B steigt, in den anderen 10 000 Briefen sage ich, Aktie B fällt. Wieder hab ich eine Trefferquote von 10 000!
Insgesamt haben jetzt 10 000 Menschen zweimal hintereinander eine richtige Prognose erhalten.
Schritt 3: In der folgenden Woche schicke ich die nächste Prognose raus. In 5000 Briefen schreibe ich, Aktie C steigt, in den anderen 5000 Briefen prognostiziere ich, Aktie C fällt. Wiederum werde ich in 5000 Fällen recht bekommen!
Bleiben also 5000 Empfänger, die dreimal hintereinander eine richtige Empfehlung bekommen haben! Die denken dann schon fast, sie hätten es mit einem Börsengott zu tun. Dabei ist es nur billigste statistische Berechnung!
Viele dieser 5000 Empfänger sind nun bereit, für den 4. Tip Geld zu zahlen! Schade. Es ist rausgeschmissen. Da

können Sie gleich mit einem Pfeil auf den Börsenteil einer Zeitung zielen. Dann sind Ihre Chancen mindestens genauso gut.

Also hüten Sie sich vor merkwürdigen Ratgebern. Auch wenn sie scheinbar oft richtig gelegen haben.

Schlinge um den Hals

Unerfahrene Anleger werden immer wieder mit schlimmen Methoden reingelegt! Besonders an betuchtere Kunden wenden sich sogenannte Telefonverkäufer, die Pfennigaktien oder andere hochspekulative Investitionen anbieten.

Sie locken mit absurd hohen Gewinnmöglichkeiten. Und viele Menschen fallen darauf herein. Grundsätzlich gilt: Je höher die Gewinnmöglichkeit, desto größer das Risiko. Gerade dann, wenn die Gewinne in angeblich kurzer Zeit lokken. Doch die Gier der Menschen macht es den schwarzen Schafen leicht.

Da werden spekulative Geschäfte auf Kredit (Termingeschäfte) angeboten mit einer 100-Prozent-Chance in kürzester Zeit, die es natürlich in Wirklichkeit fast nie gibt. Trotzdem: Auch hochintelligente Leute wagen das Spielchen oft.

Ich habe mal mit so einem Betrüger gesprochen. Er erzählte mir, wie er die Leute einfängt. Wenn er sie mal am Telefon hat, dann redet er so beschwörend und geschickt auf die Opfer ein, daß sie hinterher tatsächlich einen Scheck von bis 200 000 DM vorbeigeschickt haben. So geschehen bei einem Lehrerehepaar aus einer kleinen Stadt in der Nähe von Köln. Gearbeitet wird mit allen Methoden. Die Telefonverkäufer sind sprachlich und psychologisch extrem gut geschult. Wer nicht sofort auflegt, der wird oft zum Opfer. Der betreffende Herr, ein Aussteiger aus der Branche, machte mir glaubhaft, daß er den Angerufenen sozusagen die Schlinge um den Hals ziehen konnte. Jemand, der eine solche Situation nicht kennt, ist ihr meistens hoffnungslos ausgeliefert. Zu sehr packt die meisten Menschen am Ende doch die Gier und die Hoffnung, daß es ja schon irgendwie gutgehen würde. Auf diese Weise hat manch einer schon sein ganzes Haus verloren.

Diese Telefonverkäufer sind so geschickt, daß Sie beim ersten Mal sogar stolz Gewinne präsentieren. Das macht das Opfer erst recht wild nach mehr. Nach einer kleinen Anfangssumme werden dann Zigtausende nachgeschoben. Das betroffene Ehepaar hatte eine Hypothek auf das Eigenheim aufgenommen, um den Betrügern das Geld in den Rachen zu werfen. Und am Ende war alles weg: Das Geld und das Ei-

„Risiko entsteht dann, wenn Anleger nicht wissen, was sie tun."

US-Milliardär Warren Buffett

genheim! Auf diese Weise befördern sich jedes Jahr mehrere tausend Menschen in den Ruin, und ich muß leider sagen: Ein bißchen sind sie daran auch selbst schuld!
Die Firma, zu der das Geld floß, war in der Zwischenzeit pleite, die Betrüger über alle Berge. Auch die Behörden können in solchen Fällen nicht mehr helfen. Oft operiert diese Geldmafia vom Ausland aus. In Deutschland gibt es eine kleine Filiale. Und die wird irgendwann geschlossen. Deshalb können die Behörden selten etwas ausrichten.
Beliebte Spekulationsangebote dieser Herren sind übrigens Investitionen in Rohstoffe wie Öl oder Weizen. Aber auch auf steigende und fallende Börsen kann gezockt werden. Oder aber die sogenannten *Pennystocks* (Pfennigaktien), bei denen irgendwelche Steigerungschancen vorgegaukelt werden. Oft werden tolle Geschichten erzählt mit dem Hinweis, daß man die Informationen aus sicherer Quelle hätte. Am Ende ist alles Lug und Trug.
Die Telefonbetrüger finden ihre Opfer übrigens schlicht und ergreifend aus dem Telefonbuch. Motto: Unter hundert Angerufenen gibt es ein Opfer! Oft vergewissern sich diese Geldgangster aber auch im Branchenbuch, ob auch finanziell was zu holen ist. Besonders beliebte Zielgruppe: Handwerker und Mittelständler. Aber auch Ärzte und Rechtsanwälte sind unter den Opfern.
Oft werben sie auch mit vielversprechenden Anzeigen in Zeitungen und Magazinen. Wer, von der Gier getrieben, solche Nummern anruft, der ist selbst schuld.

Also: Wenn Ihnen irgendwann einmal jemand am Telefon ein interessantes Angebot macht: einfach auflegen!

Es gibt niemanden auf der Welt, der Geld zu verschenken hat. Es gibt aber viele, die Ihnen Ihr sauer Erspartes abnehmen wollen!
Diese Telefonverkäufer arbeiten übrigens mit allen Mitteln! Ein sehr beliebtes Übungsspiel für Anfänger in dieser Branche: Sie müssen den Angerufenen dazu bringen, das Telefonkabel durchzuschneiden oder das Telefon in einen Eimer Wasser zu setzen. Sie glauben das nicht? Es ist aber so. Jemand, der das schafft, der kann den Leuten auch ein Vermögen entlocken. Und das geschieht immer noch tausendfach, nicht nur in Deutschland.
Wenn Sie also wirklich Geld verdienen wollen, dann befolgen Sie die Ratschläge in diesem Buch, und Sie sind auf der sicheren Seite. Eine wichtige Vorbereitung für die Anlage-Entscheidung ist das Lesen des Kursteils einer Zeitung. Vielleicht schreckt Sie dieser Zahlensalat ab, aber am Ende ist's doch gar nicht so schlimm. Ich hab Ihnen mal das Wichtigste zusammengetragen.

4. Kursteil in der Zeitung

Kein Buch mit 7 Siegeln!

Es gibt Leute, die schrecken vor dem Kursteil einer Zeitung zurück. Dabei steckt eigentlich gar nichts Kompliziertes dahinter. Ich entschlüssele Ihnen nun Schritt für Schritt diese Börsen-Hieroglyphen. Das Börsenkauderwelsch hat sich im Laufe der Zeit eingebürgert. Es vereinfacht die Kursdarstellung und zeigt, was mit einer Aktie geschehen ist. Wir nehmen das Beispiel des Wochenmagazins *Euro am Sonntag* vom 10. Januar 1999 (siehe folgende Seite).

In der **1.** Spalte finden sie immer den Namen der **Aktie,** um die es geht. Ich habe Ihnen hier einmal die 1&1 AG (vom Neuen Markt), die Bayer, Coca-Cola und die Samsung herausgepickt.

Die **2.** Spalte gibt Auskunft über das Land, in dem das Unternehmen seinen Hauptsitz hat. Zum Beispiel Coca-Cola – USA oder Samsung – Korea. Das System funktioniert genauso wie die Länderzeichen auf Autos.

Unter **3.** finden Sie **WKN.** WKN bedeutet Wertpapierkennummer. Jede Aktie, also jedes Wertpapier, hat eine unverwechselbare Nummer. Diese Nummer muß beim Kauf oder Verkauf immer mit angegeben werden, um jede Verwechselung auszuschließen. Nicht nur Aktien haben diese Wertpapierkennummern, sondern alles, was man an einer Börse kaufen kann, besitzt eine solche Nummer. Also auch Fonds, Anleihen und viele andere Formen von Wertpapieren. Manchmal ähneln sich die Bezeichnungen und die Namen. Deshalb ist die WKN so wichtig. Jede WKN ist gleichbedeutend mit einem ganz genau bestimmten, einzigen Wertpapier. Die Nummern sind immer sechsstellig.

In der **4.** Rubrik finden wir den **Kurs.** In unserem Beispiel ist damit immer der letzte Kurs vom Freitag gemeint, weil es ein Wochenmagazin ist. In Tageszeitungen wird das Datum ansonsten zusätzlich angegeben.

Abteilung Nr. **5** zeigt **Veränderung** in %. Diese Spalte ist ganz einfach: Um wieviel Prozent ist die Aktie im Vergleich zur Vorwoche gestiegen oder gefallen. Als Vergleichszeitraum sehen wir auch die Veränderung in bezug auf den Jahresanfang (2. 1.). So erhält man immer den schnellen Überblick, was mit der Aktie im Laufe des Jahres geschehen ist.

1. Aktie	2. Land	3. WKN	4. Kurs in Euro	5. Veränderung in % Vorwoche	Seit 31.12.98
1&1 AG	D	508900	114,00	34,32	34,32
Bayer	D	575200	36,50	2,64	2,64
Coca-Cola	USA	850663	58,75	3,22	3,22
Samsung	KR	881823	14,60	18,98	18,98

Spalte **6** zeigt **52 Wochen** Hoch Tief. Wie Sie sich vorstellen können, ist das der höchste und der tiefste Kurs innerhalb der letzten 52 Wochen, also des zurückliegenden Jahres. Auch hier kriegen Sie eine schnelle Information darüber, was mit der Aktie im Laufe der letzten Zeit passiert ist. Bei Coca-Cola lesen Sie zum Beispiel 81,55 **I** 46,07 – Bedeutung: Innerhalb des zurückliegenden Jahres gab es die Coca-Cola-Aktie im Höchstkurs für 81,55 Euro, und der Tiefstkurs lag bei 46,07.

Kurse und Gewinne

Spalte **7** muß Sie nicht unbedingt interessieren! Es wird jetzt ein bißchen kompliziert. Sie können auch unten weiterlesen!

Ob Rubrik 7 so wichtig ist, darüber streiten sich die Experten schon lange. Hinter **KGV** verbirgt sich das Wortungetüm „**K**urs-**G**ewinn-**V**erhältnis". Das bedeutet: Mit wieviel muß man den Gewinn einer Aktie multiplizieren (malnehmen), um auf den Kurs der Aktie zu kommen. Beispiel: Ein Unternehmen verdient 10 Euro pro Aktie. Die Aktie kostet 100 Euro. 10 **x 10** = 100 – also hat die Aktie ein „Kurs-Gewinn-Verhältnis" (KGV) von 10. Der Gewinn wird aufs Jahr gerechnet. Es müssen also zehn Jahre vergehen, bis man über die Gewinne das Geld für die Aktien wieder drin hat. Manche Experten sagen, ein niedriges KGV sei gut, dann ist die Aktie nicht überbewertet. Man muß eben nicht so lange warten, bis man über Ausschüttungen sein Geld wieder reinkriegt. Es gibt auch Aktien mit einem KGV von 100 und mehr. Die müssen aber gar nicht schlecht sein. Das sind solche Aktien, die jetzt noch gar nichts oder nur ganz wenig verdienen (Beispiel 1&1 AG), aber eine rosige Zukunft haben. 1&1 ist im Internet tätig. Das wirft jetzt noch nicht viel Geld ab, kann aber in Zukunft sehr lukrativ werden. Dann sind die Gewinne um so höher. Deshalb hatte 1&1 im Jahr 1998 ein KGV von 130. 1999 ist es aber schon erheblich weniger (82,6).

6. 52 Wochen Hoch	Tief	7. KGV 1998	1999	8. Dividende	9. Div.-Rendite in %	10. Volatilität
141,63	71,84	130	82,6	0,00	0,00	•••
49,08	29,81	16,8	16,3	1,02	2,80	••••
81,55	46,07	48,5	45,3	0,52	0,88	••••
14,90	4,70	8,4	4,9	0,44	3,01	•••••

Und schon bald kann es noch weiter sinken. **Fazit:** Auch Aktien mit einem hohen „Kurs-Gewinn-Verhältnis" können interessant sein. Ich meine sogar, sie sind interessanter! Die Aktien aus dem DAX haben überwiegend ein niedrigeres KGV, die im Neuen Markt ein hohes. Grund: Die DAX-Aktien machen alle schon gute Gewinne, die Werte im Neuen Markt müssen sich erst noch entwickeln. In ihnen steckt die größte Hoffnung. Und für Hoffnung wird an der Börse bekanntlich auch schon viel Geld bezahlt, und das nicht zu Unrecht.

Fazit: Beim KGV streiten sich immer wieder die Götter. Schauen sie nicht aufs KGV, sondern in das Gesicht eines Unternehmenslenkers und auf die Produkte. Das sagt mehr aus über die Phantasie, die in einer Aktie stecken könnte, als abstrakte Zahlen.

Dividende

Spalte **8** befaßt sich mit der **Dividende**. Was hat das Unternehmen im letzten Jahr ausgeschüttet pro Aktie? Das muß ich Ihnen etwas näher erläutern.

Dividende kommt über das Französische aus dem Lateinischen (*dividendum*, von *dividere* = teilen) und heißt „das zu Teilende". Wenn ein Unternehmen Gewinne gemacht hat, dann werden diese Gewinne unter den Aktionären aufgeteilt. Pro Aktie gibt es dann Geld. Was die Zinsen beim Sparbuch, das ist die Dividende bei Aktien. Die Auszahlung wird pro Aktie getätigt, meist einmal pro Jahr. Der Termin der Zahlung steht auch schon fest. Man kann ihn beim Unternehmen selbst erfragen, oder manchmal wird er auch in Fachzeitschriften erwähnt. Ihre Bank hilft Ihnen ebenfalls gerne weiter, wenn Sie genau wissen wollen, wann und wie es Dividende gibt.

Wenn man den aktuellen Börsenkurs durch die ausgezahlte Dividende teilt, dann erhält man übrigens das, was in der Spalte **9** steht, die **Div.-Rendite** in %. Angenommen, eine Aktie kostet 100 Euro und zahlt 10

Euro Dividende, dann haben wir eine Dividenden-Rendite von 10 Prozent. Also bedeutend mehr als auf dem Sparbuch! Und deshalb gibt es diese Spalte auch: um einen schnellen Vergleich zu anderen Geldanlagen anzustellen. Aber: Lassen Sie sich nicht von hohen Dividenden-Renditen in die Irre leiten. Es gibt viele Unternehmen, die nichts zahlen. Bei denen steigt dann oft der Kurs schneller. Der Grund: Es muß kein Geld an Aktionäre ausgezahlt werden. Die Gewinne bleiben im Unternehmen und sind dort oft auch besser aufgehoben. Die Gesellschaft kann das Geld in weiteres Wachstum investieren, und das führt wiederum zu höheren Kursen. Außerdem: Dividenden müssen Sie auch versteuern – wie Zinseinnahmen!

Falls eine Aktie Dividende bringt – wie erhalte ich das Geld, fragen Sie jetzt? Geht alles automatisch! Sie brauchen sich dabei um nichts zu kümmern. Das erledigt alles Ihre Bank. Die Auszahlung wird schon wenige Tage nach der Ausschüttung Ihrem Konto gutgeschrieben. Einziger Nachteil: Dividenden müssen genauso versteuert werden wie Zinsen. Die Höhe der Steuern hängt von Ihrem persönlichen Steuersatz ab.

Über der Spalte **10** finden Sie das häßliche Wort **Volatilität**.

Volatilität (von lat. *volare* = fliegen) heißt nichts anderes als Beweglichkeit! Man hätte es auch auf deutsch sagen können, aber Börsianer lieben nun mal Fremdwörter. Das wirkt dann ein bißchen wissenschaftlicher. Ob es aber auch nutzt, ist fraglich.

Die Wahrheit ist: Eine Aktie kann sich manchmal stark bewegen wie zum Beispiel Samsung (Höchstkurs 14,10 Euro – tiefster Kurs in den letzten 52 Wochen 4,70 Euro). Manchmal kann sich eine Aktie aber auch nur wenig bewegen. Es gibt immer Phasen starker Beweglichkeit, und dann gibt es wieder Ruhe. Bei einem Crash geht es naturgemäß turbulent zu, dann ist die Beweglichkeit am höchsten. Aber man kann nicht generell sagen, Aktie A ist stark beweglich, Aktie B ist eher ruhig. Oft bewegen sich bisher ruhige Aktien wie ein Blitz aus heiterem Himmel plötzlich sehr stark. Andere „Starkschwinger" werden plötzlich ruhig. Generell kann man sich also auf das Prädikat der Beweglichkeit nicht verlassen! Besonders wenn man langfristig denkt. So bezieht sich denn auch die Bewertung des „Rauf und Runter" eher auf einen kurzen Zeitraum und hat wenig Aussagekraft für die Zukunft. Bei *Euro am Sonntag* gibt es fünf Einteilungen für die Beweglichkeit: Ein Punkt (•) für ruhige Aktien und fünf Punkte (•••••) für Aktien, bei denen es in letzter Zeit sehr stürmisch zugegangen ist.

b – G – B

In Tageszeitungen finden Sie außer den Kürzeln, die wir eben besprochen haben, noch so etwas: ein kleines **b** hinter den Kursen. Das heißt einfach nur **„bezahlt"**. Daimler 70b heißt also, daß Daimler mit 70 Euro bezahlt wurde.

Daimler	70b
Wella	450G
Porsche	2000B

„Wird denn auch schon mal nicht bezahlt?" fragen Sie. Ja, das kann vorkommen! Besonders bei kleinen Unternehmen, bei denen nicht so viele Aktien im Umlauf sind. Dann lesen Sie schon mal ein **G** hinter dem Kurs. **G** heißt **„Geld"**, das heißt, es wurde Geld für die Aktie geboten, aber sie war nicht zu bekommen! Beispiel: Wella 450G bedeutet, es war jemand da, der für 450 Euro gerne Wella gekauft hätte – aber es war niemand da, der sie ihm für diesen Kurs gegeben hätte. Wenn dann in der Zeitung dieses **G** steht, dann kann jeder lesen, daß jemand gerne für 450 Euro Wella-Aktien gekauft hätte, aber er hat sie nicht gekriegt. Vielleicht ist ja am folgenden Tag jemand da, der seine guten Wella-Papiere zu dem Preis abgibt. Oder Sie sollten es mit etwas mehr als 450 Euro probieren.

B heißt **„Brief"**. Früher hat man seine Aktien in Briefumschläge gelegt und sie dann zum Verkaufen an die Börse gebracht. Man legte also den Brief mit den Aktien auf den Tresen und schrie durch die Gegend, was man dafür haben wollte.

Wer an der Börse Aktien verkauft, der ist „Brief", wie der Börsianer sagt. Auch heute noch. Wenn Sie in der Zeitung nun dieses **B** lesen, dann bedeutet das: Es war jemand da, der Aktien verkaufen wollte, aber es hat sich niemand dafür interessiert. Er blieb also auf seinen Aktien sitzen und muß auf den nächsten Tag warten.

Beispiel: Porsche 2000B bedeutet: Es war jemand da, der Porsche-Aktien für 2000 Euro verkaufen wollte, aber es hat sie niemand zu dem Preis abgenommen. Vielleicht klappt es ja ein andermal! Wenn sie diese Kurszusätze in der Zeitung lesen, dann wissen Sie gleich, wieviel Sie für eine Aktie verlangen können. Im letzteren Fall würde ich dann am nächsten Tag mal probieren, Porsche Aktien mit 1999 Euro zu verkaufen. Klingt doch psychologisch viel besser!

Es gibt noch ein paar andere Kürzel, aber die will ich Ihnen jetzt nicht erklären, weil sie nicht so häufig vorkommen und auch in vielen Zeitungen gesondert beschrieben werden. Jedenfalls haben Sie jetzt das nötige Rüstzeug, um den Börsenteil einer Zeitung richtig zu lesen. Herzlichen Glückwunsch!

5. Jetzt sind Sie reif für die Börse

Wie finde ich die richtigen Aktien?

Ganz einfach: Mit offenen Augen durchs Leben gehen. Der gesunde Menschenverstand ist der beste Aktienratgeber. Sie setzen auf die Werte, die nach Ihrer Beurteilung die beste Zukunft haben. Sie stellen zum Beispiel fest, daß Jugendliche gerne Sportklamotten kaufen und die Mode noch lange anhalten wird – wie wär's mit Adidas? Sie interessieren sich für Autos? – BMW, Daimler. Sie stellen fest, Computer beherrschen das nächste Jahrtausend? – Compaq, Intel, Dell. Sie glauben an die Zukunft des Internet? – Yahoo!, Amazon. Sie denken, daß Banken eine sichere Sache sind? Deutsche Bank, Banco de Bilbao. Wie wär's mit Telefonaktien? Deutsche Telekom, Portugal Telecom. Biotechnologie? Qiagen, Amgen. Sie stehen auf Micky Maus? Wie wär's mit Walt Disney? Sie können sich bei dem Erfinder der Kultfigur per Aktien beteiligen und am Erfolg teilhaben.

Diese Liste könnte beliebig fortgesetzt werden. Lehnen Sie sich zurück und denken Sie nach. Ihnen fällt bestimmt was ein. Es macht Spaß, auf diese Weise Aktien zu finden. Ich habe eine Bekannte, die interessierte sich für Parfüm und hat deshalb Douglas gekauft. Sie machte damit gute Gewinne. Ganz ohne Beratung durch irgendwelche Fachleute. Die eigenen Tips sind immer noch die besten!

Sie können auch bei einer Firma vorbeifahren und sich dort erkundigen. Schauen Sie sich die Produkte an. Auch das kann Grundlage einer Kaufentscheidung für eine Aktie sein. Schauen Sie sich den Chef an – denn ihm vertrauen Sie ja schließlich Ihr Geld an. Ein bißchen Menschenkenntnis ist immer wichtig an der Börse. Die Unternehmenslenker sind das Herz einer Firma. Von deren Ideen hängt die Zukunft des Unternehmens ab. Versuchen Sie etwas aus der Presse in Erfahrung zu bringen. Wie wurde bisher über das Unternehmen berichtet, das Sie im Visier haben?

Bei Ihren Forschungen brauchen Sie auf keinen Fall vorher studiert zu haben. Die Zahlen eines Unternehmens zu kennen ist nicht wichtig, auch wenn Fachleute gern mit Zahlensalat argumentieren. Am Ende hilft das Rumstochern und Auslegen von Ziffern und Zahlen nur wenig. Das ist jedenfalls meine Erfahrung. Das ist der Grund, warum auch die besten Betriebswirte, Experten, Bankfach-

5 Fragen vor dem Aktienkauf

1. Welchen Eindruck macht der Chef des Unternehmens?
2. Würde ich einem solchen Mann mein Geld anvertrauen?
3. Lassen sich die Produkte gut verkaufen?
4. Sind es Produkte, die in Zukunft jeder braucht?
5. Hat das Unternehmen einen guten Ruf?

leute keine sichere Aussage machen können, ob eine Aktie steigt. Visionen sind besser als Zahlen! Die Visionen beschäftigen sich mit der Zukunft. Die Zahlen stammen aus der Vergangenheit.

Es gibt insgesamt etwa 50 000 börsennotierte Unternehmen auf der Welt, und täglich werden es mehr. Bestimmt ist auch was für Sie dabei. Es macht Spaß, Unternehmen zu entdecken und deren Aktien zu kaufen. Es ist dann so, als wenn es Ihnen gehört. Sie freuen sich über positive Nachrichten und leiden, wenn's mal nicht so gut läuft. Dieses Auf und Ab ist sehr interessant. Am Ende sind Sie aber meistens der Gewinner. Etwas Geduld ist freilich wichtig.

Es gibt Tausende von sogenannten Tipdiensten, die Aktienempfehlungen aussprechen. Die sind meist teuer und taugen oft nichts. Lassen Sie sich davon nicht beeinflussen. Folgen Sie keinem Guru. Wiederum gilt: Wer etwas weiß, sagt es nicht, und wer nichts weiß, der redet gern. Warum sollte der Herausgeber eines Börsenblattes Ihnen einen Geheimtip verraten? Es gibt nur ganz wenige gute Börsenblätter, die echte Visionen liefern!

Ich würde allenfalls ein Wochenmagazin empfehlen, das einen Überblick über Aktien bietet und allgemeine Stimmungen beschreibt. Ihre Meinung sollten Sie sich dann selbst bilden.

Trockenübungen

Wenn Sie schon immer mal an der Börse mitspielen wollten, so können sie das jeden Tag tun! Schlagen Sie die Zeitung auf, schauen Sie sich den Kursteil an, und picken Sie sich die Aktien heraus, die Ihnen schon immer gefallen haben. Nun schreiben Sie sich die Kurse raus – das sind jetzt Ihre Kaufkurse! Am nächsten Tag vergleichen Sie! Ist ein Plus oder Minus herausgekommen? Das ist Börsentrainig pur. Setzen Sie sich eine Frist: einen Monat, ein halbes Jahr. Dann werden Sie sehen, ob Sie ein Gefühl für die Börse haben. Am Ende zählt nur, ob Sie im Plus sind oder nicht.

Ich würde vorschlagen, daß Sie sich zehn Aktien heraussuchen, die Sie verfolgen. Das ist dann Ihr Depot. Depot ist der Fachbegriff für den Ort, wo die Aktien liegen. Wenn Sie Aktien bei einer Bank kaufen, dann lagern sie im Depot. Aber so weit sind wir noch nicht.
Zehn Aktien, am besten nicht alle aus einem Bereich, sondern aus unterschiedlichen Branchen: zum Beispiel Chemie: *Bayer* – Autos: *Daimler* – Computer: *Compaq* – Banken: *Deutsche Bank* – Telekommunktion: *Mobilcom* usw.
Eine gute Mischung ist wichtig, weil es unterschiedliche Entwicklungen gibt. Wenn Sie alles auf ein Pferd setzen, dann kann das schon mal schiefgehen.

Jetzt wird's halb ernst ...

Es gibt zahllose Börsenspiele, bei denen man mitmachen kann. Sie wählen dort aus einer bestimmt Anzahl von Aktien, und nach einer gewissen Zeit wird entschieden, wer das meiste Geld gemacht hat. Innerhalb der Börsenspieldauer können Sie sogar verkaufen und kaufen, wie Sie wollen – und so Ihr Spielgeld erhöhen. Am Ende erhält der Gewinner oft attraktive Geldpreise, also echtes Geld oder Sachprämien. Diese Börsenspiele eignen sich hervorragend zum Üben. Probieren Sie's mal – es macht wirklich Spaß ...

6. Der erste Aktienkauf

Damit Sie Ihre ersten Aktien kaufen können, sind ein paar kleine Voraussetzungen nötig. Sie müssen ein Depot eröffnen. Ein Depot ist so eine Art Aktiensparbuch. So, wie das Geld auf einem Sparbuch landet, landen die Aktien im Depot. Das Depot ist der Aufbewahrungsort für Aktien. In der Praxis ist das nichts anderes als ein Zettel, auf dem steht, welche Aktien zu welchem Preis gekauft wurden. Einmal im Jahr bekommen Sie diese Auflistung automatisch zugesandt. Sie können einen Depotauszug aber auch jederzeit anfordern.
Ein Depot können Sie bei fast jeder Bank aufmachen. Ich rate Ihnen, dies gleich bei einer Billig-Bank zu tun.
Grundsätzlich kann jeder Aktien kaufen. Es gibt keine Beschränkung. Bei Kindern und Jugendlichen müssen natürlich die Eltern ihre Unterschrift geben.

Kosten

Aktien kann man nur an Börsen kaufen. Wenn das aber jeder machen würde, dann entstünde ein heilloses Durcheinander. Deshalb bedarf es eines Vermittlers, der Ihren Kaufwunsch weiterleitet und den Kauf abwickelt. Das sind in Deutschland meistens Banken. Gehen Sie aber nicht zu einer normalen Bank! Die sind nämlich sehr teuer. Dafür, daß die Bank für Sie tätig wird, verlangt sie nämlich Spesen. Bei einer normalen Bank können das beim Kauf bis zu 3 Prozent von der Gesamtsumme sein, und beim Verkauf der Aktien nimmt sie Ihnen noch mal bis zu 3 Prozent ab! Das ist zuviel, und da Sie die Bank ja sowieso nicht um Rat fragen sollen, sondern sich Ihre eigenen Gedanken gemacht haben, gehen Sie zu einem sogenannten Discountbroker (= Billigaktienhändler) oder einer Direktanlagebank. Viele große Geldhäuser haben mittlerweile „Billigableger".

Billig-Banken

Billig bedeutet keineswegs schlechter! Und es bedeutet auch nicht, daß solche Geldhäuser irgendwie unsicherer sind! Es heißt lediglich: Hier kaufen Sie die Aktien am billigsten. Außerdem können Sie so eine „Aldi"-Bank auch für Ihren ganz normalen Geldverkehr nutzen. Kontoführungsgebühr, Kredite und vieles andere ist hier oft wesentlich preiswerter als bei herkömmlichen Banken und Sparkassen. Es gibt unterschiedliche Vergünstigungen. Ein Vergleich lohnt sich immer. Allerdings erhalten Sie bei solchen „Aldi"-Banken in der Regel keine Infos. Diese Häuser sind nur dazu da, Ihre Kauforders abzuwickeln.

Die Bank 24 hat zum Beispiel das umfassendste Angebot in Sachen Geldanlage und Aktien. Consors und Direkt Anlage Bank haben oft bei den Kosten am günstigsten abgeschnitten. Aber das ändert sich laufend.

Hier eine kleine Übersicht dieser Billig-Banken und deren zugehöriger „Mütter":

Der billige Jakob

Advancebank	– Dresdner Bank
Bank24	– Deutsche Bank
Commdirect	– Commerzbank
Consors	– Schmidtbank
Direkt Anlage Bank	– Hypo-Vereinsbank

Außer An- und Verkaufsgebühren fallen noch die Depotgebühren an. Diese sind abhängig von der Höhe des Aktienwertes, der im Depot lagert, und wird jährlich berechnet. Die Gebühren sind meist sehr gering und betragen etwa ein Tausendstel

Kosten:	
Aktienkauf:	0,1–0,8 % vom Gesamtwert (Billig-Bank)
Aktienverkauf:	0,1–0,8 % vom Gesamtwert (Billig-Bank)
Depotgebühren:	ca. 0,1 % pro Jahr vom Gesamtwert oder geringe Grundgebühr

des Wertes aller Aktien, die sie haben. Also nicht die Welt.
Bei den Gebühren auf jeden Fall vorher erkundigen! Die Zeitschrift *Finanztest* vergleicht von Zeit zu Zeit die Gebühren der verschiedenen Banken. Ein Vergleich lohnt sich immer.
Oft können Sie auch noch günstigere Preise aushandeln. Besonders dann, wenn Sie mit sehr viel Geld an die Börse gehen wollen.

So kaufe ich eine Aktie

1. Sie rufen Ihre Bank an.
2. Sie geben Namen und Anzahl der Aktien an, die Sie kaufen wollen.
3. Wenn Sie die Aktie unbedingt sofort kaufen möchten, dann sagen Sie, daß Sie die Aktie „BILLIGST" haben wollen, dann kriegen Sie das Papier zum nächstmachbaren Preis.

Sie können aber auch eine obere Grenze nennen, oberhalb deren Sie nicht kaufen wollen. Das nennt man „LIMIT". Beispiel: Ich kaufe 10 Bayer-Aktien BILLIGST (= egal zu welchem Kurs), oder ich kaufe 10 Bayer-Aktien mit LIMIT 30 Euro. Bei letzterem kriegen Sie die Aktie nur, wenn Sie 30 Euro kostet oder weniger. Solche LIMIT-Kaufaufträge kann man über mehrere Monate plazieren. Den Zeitraum wählen Sie selbst. Er kann gültig sein für einen Tag, eine Woche oder mehrere Monate. Gebräuchlich sind Limitaufträge, die ULTIMO laufen. ULTIMO bedeutet immer bis Ende des Monats.

So verkaufe ich eine Aktie

Läuft genau so ab wie oben, nur daß Sie eben verkaufen wollen.
Das sollten Sie dann auch klar und deutlich sagen. Das ist übrigens kein Scherz! Schon oft stellte man hinterher erst fest, daß der Banker Sie falsch verstanden hatte und daß er, statt zu verkaufen, gekauft hatte. Also sagen Sie klar und deutlich, daß sie VERkaufen wollen. Und das natürlich nicht BILLIGST sondern BESTENS! Wenn man eine Aktie unbedingt sofort verkaufen will, dann

sagt man VERKAUFEN, BESTENS – und nennt natürlich die Stückzahl, die man loswerden will. Man muß ja nicht alles auf einmal verkaufen. Oft ist es besser, an verschiedenen Tagen zu verkaufen, für den Fall, daß die Kurse weiter hoch laufen …

Genauso wie beim Kauf können Sie auch beim Verkauf ein LIMIT setzen: Sie wollen nur oberhalb eines bestimmten Kurses verkaufen, dann sagen Sie zum Beispiel: Ich verkaufe 10 Bayer-Aktien, LIMIT 40 Euro – das bedeutet, Sie verkaufen erst bei 40 Euro oder höher. Es lohnt sich oft, Limits zu nennen, denn die Börsenkurse können an einem Tag heftig schwanken. Aber verkaufen Sie bitte nicht zu schnell. Es zeigt sich immer wieder, daß Aktien, die einmal steigen, so schnell ihre Reise nach oben nicht beenden. Und denken Sie daran: Hin und Her macht Taschen leer. Bei jedem Kauf/Verkauf verdient erst mal die Bank. Am ärgerlichsten ist es aber, sich von einer Aktie zu trennen, die anschließend weiter nach oben läuft.

Stop-Loss-Order

Diese Art der Auftragserteilung ist in letzter Zeit in Mode gekommen. Sie wird von einigen Experten empfohlen, um Verluste zu begrenzen. Ich halte davon aber überhaupt nichts. Stop-Loss-Order heißt auf deutsch: Stopp-Verlust-Auftrag.

Dahinter verbirgt sich folgender Mechanismus: Wenn man eine Aktie gekauft hat, dann kann man der Bank sagen: Verkaufe sie sofort, wenn ein bestimmter Kurs unterschritten wird. Dahinter steckt der Gedanke, daß man seine Verluste begrenzen möchte, wenn die Aktie im Sinkflug ist.

Beispiel: Sie haben die Bayer-Aktie für 30 Euro gekauft. Sie können nun festlegen: Wenn sie unter 30 fällt, dann sofort weg damit! Das wäre aber dumm!

Sie wissen ja mittlerweile, daß Börsen und Kurse schwanken können. Oft erholen sich die Kurse auch schneller wieder, als man denkt. Ich habe das schon oft erlebt. Nur: Dann sind die Aktien weg, und Sie sind draußen. Ihre ursprüngliche Absicht, Verluste zu begrenzen, hat sich also ins Gegenteil verkehrt: Sie haben die Verluste nicht begrenzt, sondern realisiert.

Oft gibt es an einem Tag heftige Schwankungen an der Börse. Besonders bei kleineren Werten sieht das manchmal schlimm aus. Aber schon am Nachmittag kann wieder eine Erholung eintreten. Dann ärgern sich alle diejenigen, die verkauft haben.

Wenn so ein schwankungsfreudiger, schwarzer Tag die Börsen heimsucht, dann können Stop-Loss-Orders sogar richtig weh tun.

Nehmen wir einmal an, Sie haben eine Stop-Loss-Order für Mobilcom, Limit 250 Euro. Jetzt fällt die Aktie tatsächlich unter 250 Euro! Nun muß Ihre Bank auf Gedeih und Verderb Ihre Aktien raushauen. Nur, an schwachen Tagen ist manchmal niemand da, der die Aktie sofort haben möchte. Das nächste Gebot liegt vielleicht erst bei 200 Euro. Egal: Verkauft wird trotzdem. Auch wenn der Sprung auf 200 gewaltig ist. Ich habe solche Situationen schon oft erlebt. Sie sind gerade am Neuen Markt keine Seltenheit! Noch schlimmer: Wenn sich die Lage wieder beruhigt, kann die Aktie auch innerhalb weniger Stunden wieder auf 250 klettern und sogar darüber. Ich hab' schon Leute erlebt, die sich schwarz ärgerten, weil sie auf diese Weise ihre Aktien verloren hatten.

Mein Rat: Wenn Sie eine Ehe mit einer Aktie eingehen, dann sollten Sie nicht sofort die Scheidung programmieren. Auch wenn's in der Ehe mal Streit gibt, hinterher verträgt man sich wieder. Auch wenn eine Aktie mal fällt – die Chance, daß sie sich wieder erholt, ist sehr groß.

Ihre Anlage-Entscheidungen sollten sowieso einen langen Horizont haben. Nur so gewinnen Sie immer. Wenn Sie sich vorher verrückt machen lassen, verlieren Sie nur Geld.

Und das alles ohne Papierkram?

Alles, was mit Börse zu tun hat, können Sie telefonisch abwickeln. An der Börse gilt das gesprochene Wort. Millionen und Milliarden werden auf Zuruf oder über Telefon gehandelt. Die Abrechnung kommt erst später – das ist dann ein Bestätigungsschreiben der Bank, daß Sie die Aktien verkauft oder gekauft haben.

Natürlich können Sie Ihren Kauf-/Verkaufsauftrag auch per Brief, Fax oder E-Mail schicken. Kleiner Tip: Wenn Sie Ihre Order (Ihren Auftrag) per E-Mail übermitteln, dann locken oft noch weitere Vergünstigungen. Es entstehen dann noch geringere Gebühren.

Werd' ich da nicht übers Ohr gehauen? Wer haftet für Fehler?

In der Regel sind die Banken sehr kulant: Wenn der Fehler auf Bankenseite liegt, haftet die Bank. Nur wenn Sie sich versprochen haben, dann haften Sie! Lachen Sie nicht – man verspricht sich manchmal schneller, als man denkt – also: Konzentration bei der Ordervergabe! Sollten aber dennoch Fehler passieren, dann kann die Bank zur Not auf eine Bandaufzeichnung zurückgreifen: Alle Gespräche mit einer Bank werden nämlich aufgezeichnet! Wußten Sie noch nicht? Ist aber so, lesen Sie mal das Kleingedruckte ...

Die ersten 5 Aktien

Am Anfang sollten Sie auf keinen Fall mit irgendwelchen Experimenten starten. Wie Sie ja schon wissen,

**„Reich wird,
wer in Unternehmen
investiert, die weniger
kosten, als
sie wert sind.“**

US-Milliardär Warren Buffett

gehören die Aktien, die im DAX oder im Euro-STOXX enthalten sind, zu den größten und auch sichersten Unternehmen. Also: Beim ersten Mal kaufen Sie nur hier. Und wenn Sie keine eigenen Ideen haben, hier ein Vorschlag:

Bayer	– Chemieriese mit hoher Dividende
Daimler-Chrysler	– eines der weltgrößten Autounternehmen
Deutsche Bank	– eine der besten Banken, grundsolide
SAP	– Zukunftswert, Softwareprogramme, Marktführer
Mannesmann	– Telefongigant

Wie gehen Sie vor? Nicht alles an einem Tag kaufen. Abwarten und Kurse beobachten! Sich fragen: Geht's in den nächsten Tagen eher runter oder rauf? Wenn Sie das Gefühl haben, daß es nach oben geht, dann kaufen Sie das erste Mal und warten dann wieder ein paar Tage ab. Man weiß ja nie. Am besten teilen Sie die Ihnen zur Verfügung stehende Summe, die Sie einsetzen wollen, durch 5. Dann kaufen Sie an 5 verschiedenen Tagen. Und zwar immer dann, wenn Sie der Meinung sind, daß es jetzt der richtige Tag ist. So ganz aus Ihrem Bauch heraus. Testen Sie es. Es funktioniert. Fragen Sie niemanden um Rat. Keiner kann Ihnen sagen, ob es besser ist, heute oder morgen zu kaufen. Sie sind das Maß der Dinge! Sie werden erfolgreicher sein, als Sie glauben.

Und bitte nicht ärgern, wenn es am nächsten Tag nach unten geht! Keiner konnte das vorher wissen. Als Aktionär braucht man Geduld. Leider ist diese Tugend nicht weit verbreitet.

Sobald sie Aktien haben, wird die Börse richtig spannend. Wenn man die Kurse seiner „Lieblinge" verfolgt, hat man schon ein gewisses Kribbeln im Bauch. Aber noch mal der Hinweis: Als erfolgreicher Börsianer muß man nicht jeden Tag die Kurse verfolgen. Das ist völliger Quatsch. Manchmal ist es sogar besser, die Kurse zu vergessen. Denn Sie sind ja eine lange Ehe eingegangen! Jeden Tag auf die Kurse schauen war schon oft ein Scheidungsgrund bei Aktien. Entweder wird man nervös, wenn sie fallen, oder man verkauft zu schnell, weil man schöne Gewinne gemacht hat.

Neue Aktien

Vielleicht haben Sie schon mal was von sogenannten Neuemissionen gehört. Das sind Aktien, die neu an der Börse sind. Jeden Monat gibt es einige dieser Neuemissionen, und ihre Zahl nimmt zu.

Solche neuen Aktien sind sehr beliebt, denn sie werden oft billig verkauft, und am ersten Börsentag steigen sie dann kräftig. Aber: Auch hier ist Vorsicht geboten! Es steigen nämlich nicht alle Aktien, manche fallen auch unter ihren Ausgabepreis.

Dennoch – gerade in Zeiten, in denen Börsen kräftig steigen, kann man mit Neuemissionen meist gute Geschäfte machen. Besonders dann, wenn der Börsenneuling die Phantasie der Börsianer anregt. Das ist meist bei Computer- und Internet-Aktien der Fall.

Wie kommen Sie an solche neuen Aktien?

Sie müssen Ihrer Bank Bescheid sagen, daß Sie welche haben wollen. Das kann man schriftlich oder telefonisch machen. Meistens ist es aber leider so, daß sehr viele Anleger auf diese Börsenneulinge scharf sind. Folge: Es liegen sehr viel mehr Zeichnungsaufträge vor, als es Aktien gibt. Wenn aber mehr Leute kaufen wollen, als Ware da ist, dann gehen einige leider leer aus.

So ist es in letzter Zeit reine Glückssache geworden, an die begehrten Börsenneulinge heranzukommen. Oft werden sie verlost. Die Glücklichen, die welche erhalten haben, verzeichnen dann oft hohe Gewinne am ersten Handelstag. Man spricht auch von sogenannten Zeichnungsgewinnen. (Neuemissionen werden nicht „gekauft" sondern „gezeichnet".)

Ärgern Sie sich nicht, wenn's mal nicht geklappt hat. Versuchen Sie es einfach beim nächsten Mal wieder. Sie haben größere Chancen als beim Lotto! Und ein Zeichnungsauftrag kostet nichts!

Bedenken Sie jedoch: Nicht immer sind Zeichnungsgewinne garantiert. Es gibt auch einige Neulinge, die hinterher an der Börse an Wert verlieren ...

Börseninformationen

Sie kennen vielleicht den Kursteil einer Zeitung. Aber Börseninfos erhalten Sie auch durch andere Medien. Wie wär's zum Beispiel mit Börsenfernsehen?

Tagtäglich berichtet der Sender n-tv über das Börsengeschehen. Wenn Sie die *Telebörse* noch nicht kennen, dann sollten Sie unbedingt mal reinschauen! Hier erhalten Sie die neuesten Nachrichten über Kursveränderungen und deren Hintergründe. Spezialisten tun ihre Meinung kund und liefern Gesprächsstoff. Experten streiten darüber, ob es hoch oder runter geht.

Manchmal ist die Berichterstattung über die Börse so spannend wie ein Fußballspiel. Ich kenne Menschen, die auch schon abhängig geworden sind. Wen es einmal gepackt hat, den läßt es nicht mehr los. Es ist immer wieder interessant, die Vielzahl der Meinungen zu hören. Außerdem kann man bequem die Kurse

verfolgen, die auf einem Laufband durch das Bild marschieren.
Die *Telebörse* ist die Nummer eins in Sachen Börsenberichterstattung. Nirgendwo erhalten Sie Nachrichten über das Geschehen in so kompakter und aktueller Form.
Lassen Sie sich aber nicht verunsichern von Experten, die felsenfest behaupten, die eine Aktie sei gut und die andere schlecht! Lassen Sie sich nicht beirren.
Ich habe viele Experten kennengelernt, die heute etwas empfohlen hatten, was schon morgen nur noch die Hälfte wert war! Auch wenn jemand das Prädikat „Bankexperte" trägt, oder wenn er studierter Analyst ist, dann bedeutet es noch lange nicht, daß diese Empfehlungen auch Gewinn bringen. Oft ist leider das Gegenteil wahr.
Dennoch: Im Fernsehen erfährt man viel über die Stimmungen an der Börse. Und wenn alle schlecht drauf sind, dann wissen Sie: Bald geht's wieder rauf.
Aktuelle Kursinformationen erhalten sie auch über die Teletextseiten vieler Fernsehsender. Das größte Angebot hat auch hier wieder n-tv! Auf über 100 Seiten können Sie fast jede beliebige Aktie abrufen. Die Kurse sind die aktuellsten, die ich kenne.
Das Internet wird als Informationsmedium auch immer interessanter. Viele Direktanlagebanken tummeln sich hier und bieten dem Besucher

10 Tips für erfolgreiche Aktienanlage:

1. In aller Ruhe überlegen, was man kaufen will.
2. Nie alles auf eine Karte setzen.
3. Nie blind anderen Tips folgen.
4. Aktien mindestens 1 Jahr liegen lassen.
5. Nicht jeden Tag auf die Kurse gucken.
6. Kaufen, wenn die Kanonen donnern.
7. Wenn eine Aktie fällt, nie nachkaufen.
8. Wenn eine Aktie steigt, nachkaufen.
9. Immer ein bißchen Bargeld übrig lassen.
10. Hören Sie nur auf Ihre innere Stimme.

mannigfaltige Informationen über das Börsengeschehen. Das größte Angebot hat die Bank 24. Das Institut hat dafür auch schon Auszeichnungen für die Informationsvielfalt erhalten. Aktuelle Kurse, Kursverläufe, Nachrichten, Empfehlungen, Hintergründe – hier kriegen Sie fast alles.
Neben den Discountbrokern bieten auch noch unabhängige Börsendienste Informationsservice an. So zum Beispiel Interstoxx. Diese Firma befaßt sich vor allem mit den Werten des Neuen Marktes. Interviews mit Vorstandschefs und frische Analysen werden täglich geboten. Eine besonders interessante Adresse, wenn Sie einen Internetanschluß haben.
Und wenn Sie noch keinen Internetzugang haben, dann müssen Sie sich noch heute einen zulegen! Am Internet kommt im nächsten Jahrtausend niemand mehr vorbei!

Was bewegt die Kurse?

Eine der am häufigsten gestellten Fragen. Die ganze Wahrheit ist: So genau weiß es niemand. Aber alle glauben es zu wissen!
Isaac Newton, der berühmte englische Physiker, hat einmal gesagt:

„Ich kann die Bahn der Himmelskörper auf Zentimeter und Sekunden genau berechnen, aber nicht, wohin die verrückte Menge einen Börsenkurs treiben kann."

Ich sage Ihnen: Niemand weiß, wo ein Börsenkurs morgen oder übermorgen steht. Aber alles, was die Geschichte bisher gezeigt hat, ist: Auf lange Sicht sind Börsenkurse immer nur gestiegen!
Das ist ja das Besondere! Warum sich also Kopfzerbrechen machen über schwankende Börsenkurse?
Wann steigt, wann fällt ein Kurs? Grundsätzlich sind es Nachrichten, die Kurse bewegen. Manchmal auch Gerüchte. Lassen Sie sich davon aber nicht beirren. Es kann schon mal vorkommen, daß es einem Unternehmen zwischendurch nicht so gut geht. Dann sollten Sie durchhalten. In diesen Situationen sind viele Verkäufer einer Aktie da, aber nur wenige Käufer. Die wollen dann eben nur zu erheblich niedrigeren Kursen kaufen. Und wenn dann jemand unbedingt verkaufen will – egal, zu welchem Preis –, dann kann er das eben nur zu niedrigeren Kursen tun. Deshalb fallen die Kurse. Umgekehrt ist es bei positiven Nachrichten. Dann wollen alle unbedingt eine Aktie kaufen, aber es gibt kaum jemand, der bereit ist, sie herzugeben. Dann bietet der andere so lange mehr, bis der Verkäufer doch noch weich wird und seine Aktie hergibt. Dies ist dann der Grund, warum Aktien steigen.
Doch in der Praxis ereignen sich auch oft merkwürdige Dinge. Nicht immer fällt eine Aktie bei schlechten Nachrichten, und nicht immer

steigt sie, wenn die Botschaften gut sind ...
Börse ist nicht immer logisch. Aber dafür spannend.

Börse & Fakten

Fakten machen keine Kurse. Kurse werden nur durch Hoffnungen bewegt. Die Börse bewertet nicht den Ist-Zustand, sondern das, was in Zukunft sein wird, welche Hoffnungen und Visionen sich in Zukunft ergeben.
Manch einer sagt sich: Der Wirtschaft geht es schlecht, viele Arbeitslose, und die Börse steigt und steigt. Ist das noch normal? Ja – es ist normal. Weil die Börse ein Seismograph, eine Spürnase für die Zukunft ist. Wenn es der Wirtschaft jetzt schlechtgeht und die Börse kippt, dann sieht es wirklich böse aus. Wenn die Börse aber steigt, selbst auf neue Rekordhöhen, dann können Sie hoffen. Börse nimmt vieles aus der Zukunft vorweg. Deshalb ärgern Sie sich nicht, wenn Börsen trotz Arbeitslosigkeit steigen. Freuen Sie sich vielmehr, denn wenn Börsen steigen, dann bedeutet dies, daß es in Zukunft besser wird im allgemeinen Wirtschaftsleben. Börsen laufen der normalen Wirtschaftsentwicklung immer um etwa ein Jahr voraus.
Da kommen gute Unternehmensdaten, steigende Gewinne, und die Kurse fallen trotzdem. Was ist passiert? Auch hier ist die Börse wieder der Zukunft voraus. Heute waren die Zahlen gut, aber wie sieht es morgen aus? Liegt da nicht was in der Luft? Nicht immer müssen Aktien steigen, wenn positive Nachrichten kommen, denn das sind Nachrichten aus der Gegenwart. Was die Börsianer interessiert, ist aber die Zukunft!
Umgekehrt: Da kommen superschlechte Zahlen aus einem Unternehmen, vielleicht werden sogar Verluste gemeldet – und die Aktie steigt. Auch hier ist es wieder die Zukunft, die interessiert. Der Börsianer kümmert sich nie um schlechte Zahlen oder Nachrichten, wenn es irgendwie Hoffnung in der Zukunft gibt. Viele nutzen solche Gelegenheiten zum Einstieg in eine Aktie. Deshalb erleben Sie es oft, daß Aktien steigen, obwohl die aktuelle Wirtschaftslage alles andere als rosig aussieht. *„Buy on bad news"* lautet denn auch ein alter Börsianerspruch. Kauf bei schlechten Nachrichten. Dann hat man schön niedrige Einstiegskurse. Umgekehrt verhält es sich bei guten Nachrichten: *„Sell on good news"* – Verkaufe bei guten Nachrichten.
Diese Geschichten sollen Ihnen nur einen kleinen Eindruck vermitteln, was Kursschwankungen an der Börse verursacht. Beherzigen Sie diese Tips nicht.

Börse & Zinsen

Die Börsianer interessieren sich sehr für die Höhe der Zinsen. Wenn es nämlich auf Sparbücher oder für Anleihen (zum Beispiel Schuldscheine des Staates) hohe Zinsen gibt, dann lohnt sich der Aktienkauf weniger. Viele Anleger sagen sich: Da leg' ich mein Geld lieber sicher in Anleihen an und kassiere jährlich einen sicheren Zinssatz, als mich aufs unsichere Börsenparkett zu begeben. Diese Ansicht ist leider weit verbreitet. Deshalb spricht an der Börse jeder darüber, ob die Zinsen nun in Zukunft rauf oder runter gehen.

Grundsätzlich gilt also: Niedrige Zinsen sind besser für die Börse. Aber auch höhere Zinsen müssen nicht gleich Gift sein für Aktien. Wie Sie ja oben bereits gelesen haben, schlägt die Anlage in Aktien jedes Sparbuch und jede Anleihe um Längen! Egal, wie hoch die Zinsen sind.

Außerdem: Erträge aus Zinsen müssen versteuert werden. Das macht die Anlage in sogenannte festverzinsliche Wertpapiere noch unattraktiver! Wenn Ihnen der Staat in den Geldbeutel greift, dann bringen Anleihen praktisch nichts mehr! Aber das wird oft vergessen ...

Börse & Politik

Vielleicht haben Sie schon mal was davon gehört, daß Börsen nach den Wahlen rauf oder runter gehen. Natürlich gibt es Parteien, die aktionärsfreundlicher sind, und solche, die der Börse eher skeptisch gegenüberstehen.

Ich brauche Ihnen nicht zu erklären, warum Börsianer bei einer rot-grünen Regierung nicht gerade vor Freude an die Decke springen. Sozialistische Regierungen belohnen tendenziell das Investment in Aktien weniger. Ja, sie bestrafen eine solche Anlageform sogar. Da werden Steuern erhöht oder Sparerfreibeträge gekappt. Diese Regierungen verkennen, daß die Wirtschaft letzten Endes gerade von denjenigen lebt, die ein gewisses Risiko auf sich nehmen. Diese Leute auch noch zu bestrafen ist natürlich sehr kontraproduktiv – läßt sich aber gut verkaufen. Bleibt zu hoffen, daß zu diesem Punkt auch ein Denkprozeß einsetzt.

Generell brauchen Sie vor roten Regierungen aber keine Angst zu haben. Nicht alles wird immer so heiß gegessen, wie es gekocht wird! „Politische Börsen haben kurze Beine", heißt es unter Börsianern. Kommt eine rote Regierung ans Ruder, dann fallen die Kurse meistens. Oft ist dieser Rückgang aber nur von kurzer Dauer. Kommt eine konservative Regierung, dann gibt es oft steigende Kurse. Aber auch diese Übertreibungen halten oft nicht lange an. Auf lange Sicht kann es Ihnen sowieso egal sein, welche Regierung

das Sagen hat. Auf lange Sicht sind alle Börsen immer gestiegen.
Anders wäre das nur, wenn der Kommunismus wieder Einzug hielte. Aber von dieser Idee sind wir, zumindest in den nächsten Generationen, hoffentlich geheilt.

7. Aktiensparen mit Fonds

Wenn jemand ganz viele Aktien kauft und den daraus entstehenden Wert zerstückelt und wieder an einzelne Leute verkauft, dann haben Sie es mit einem Fonds zu tun.

Beispiel:	10 Bayer-Aktien	à 35 Euro =	350 Euro
	10 SAP	à 340 Euro =	3400 Euro
	10 Veba	à 50 Euro =	500 Euro
	macht zusammen:		**4250 Euro**

Jetzt haben wir schon einen kleinen Fonds. Wenn wir die 4250 Euro nun in 100 gleiche Teile aufteilen, haben wir 100 Fondsanteile. Jeder einzelne kostet 42,50 Euro.
Wenn Sie jetzt einen Fondsanteil kaufen, dann gehört Ihnen anteilig ein Zehntel Bayer, ein Zehntel SAP und ein Zehntel Veba. Sie haben also für 42,50 Euro von allem etwas gekauft. Das ist genau der Sinn bei Fonds.
In Wirklichkeit hat ein Fonds natürlich nicht nur drei unterschiedliche Aktien, sondern bedeutend mehr. Auf diese Weise setzen Sie beim Fondskauf nicht auf eine einzelne Aktie, sondern gleich auf mehrere. Das ist keine schlechte Idee – aber mehr Spaß macht es natürlich, wenn man die Aktien direkt kauft!
Ein Fonds ist so eine Art Sammelbecken für Aktien. Vorteil: Ein Aktienfonds investiert in viele unterschiedliche Branchen wie zum Beispiel Banken, Automobilhersteller, Chemiegesellschaften, Maschinenbau. Geht's der einen Branche mal etwas schlechter, dann kann das von der anderen ausgeglichen werden.

Es gibt unterschiedliche Arten von Fonds:

Aktienfonds

Setzt sich aus einer Vielzahl verschiedener Aktien zusammen, wie der Name schon andeutet.
Manchmal gibt es auch spezielle Ausrichtungen: Zum Beispiel Computerbranche, nur deutsche Aktien oder Aktien aus bestimmten Ländern.
Prädikat: Sinnvoll für langfristige Anlage.

Rentenfonds

Hier sind festverzinsliche Papiere versammelt: Anleihen, Sparkassenbriefe, Schuldverschreibungen.
Prädikat: Ich halte nicht viel von Rentenfonds. Da kaufen Sie besser gleich eine Anleihe oder einen Sparkassenbrief! Außerdem müssen Sie die jährlich anfallenden Zinsen versteuern.

Gemischte Fonds

Wenn man Anleihen und Aktien zusammenwirft, dann hat man es mit einem gemischten Fonds zu tun.
Prädikat: Ist meiner Meinung nach keine gute Zusammenstellung.

Geldmarktfonds

Ist so etwas Ähnliches wie der Rentenfonds. Allerdings sind hier nicht langlaufende Anleihen versammelt, sondern nur kurze Papiere mit einer Laufzeit von wenigen Tagen bis Wochen.
Prädikat: Eignet sich zum kurzfristigen Geldparken sehr gut.

Immobilienfonds

Investiert in Bürohäuser und zum Teil in Wohnanlagen.
Prädikat: War früher mal lohnend. Ist aber derzeit wenig attraktiv. Die Wertsteigerungen sind nur minimal.

AS-Fonds

„AS" bedeutet Altersvorsorge-Sondervermögen und ist gerade in letzter Zeit groß in Mode gekommen. AS-Fonds werden als besonders sinnvoll für die Altersvorsorge angepriesen.
Ein solcher Fonds investiert in Aktien, Anleihen, Immobilien.
Diese Mischung wird von einigen Fachleuten kritisiert.
Prädikat: Alter Wein in neuen Schläuchen! Für die Altersvorsorge eignen sich normale Aktienfonds genauso. Renten und Anleihen sind starke Bremser bei der Entwicklung eines Fonds.

Einzelaktien oder Fonds?

Bei Fonds sind Profis am Werk. Aber das schützt nicht vor bösen Überraschungen. Auch hier können zwischendurch Verluste entstehen. Auch Fonds kochen nur mit Wasser, das heißt, sie kaufen und verkaufen Aktien. Nur kriegen Sie nichts davon mit. Die Entscheidungen trifft ein erfahrener Fachmann. Der Fondsmanager. Dieser Fondsmanager kauft die Aktien, die er am besten findet. Solche Entscheidungen werden natürlich im Team gefällt. Ausführliche Beratungen werden durchgeführt, und am Ende heißt es dann: Kaufen oder verkaufen!

Dennoch: Wenn's an den Börsen runtergeht, kann auch der Fachmann nichts dagegen ausrichten. Mancher Fonds mit asiatischen Aktien verlor im Laufe der Jahre 1997/98 bis zu 80 Prozent! Minus 80 Prozent! Glauben Sie mir – schlechter können Sie es auch nicht machen! Der einzige Trost besteht darin, daß auch die gebeutelten Länder des Fernen Ostens demnächst sicher wieder auf die Beine kommen werden, und dann steigen natürlich auch die entsprechenden Fonds.

Aber auch wenn es rauf geht an den Aktienmärkten, bedeutet das nicht, daß Sie mit Fonds immer auf der Sonnenseite stehen.

Nur in sehr seltenen Fällen gelingt es einem Fonds, besser zu sein als die durchschnittliche Börsenentwicklung. Wenn die Börse um 50 Prozent steigt, schaffen nur ganz wenige Fonds 55 Prozent. Die wenigen zu finden ist fast unmöglich.

Viele Fonds werben mit atemberaubenden Wertsteigerungen. Die sollten Sie auf jeden Fall genau unter die Lupe nehmen. Für eine gewisse Zeit gelingt es immer, ein schönes Ergebnis zu erzielen. Aber wie sah es in den letzten Jahren aus? Und eine Sicherheit für die Zukunft gibt es sowieso nicht.

Sie sagen: „Ich kann mich nicht ständig um meine Aktien kümmern." Brauchen Sie auch nicht. Sollen Sie auch nicht, ist nicht notwendig. Die meisten Gewinne macht derjenige, der nicht ständig auf die Kurszettel starrt! Kurzfristig können auf dem Papier mal Verluste entstehen, aber nur auf dem Papier. Sie müssen ja nicht verkaufen! Das gilt für Aktien genauso wie für Fonds!

Langfristig sind Sie jedoch statistisch auf der sicheren Seite, auf der Seite der Gewinner.

Kosten? Sicherheit?

Eine Sicherheit für Wertsteigerungen kann Ihnen niemand geben. Fonds schwanken mit den Börsen.

Was kostet es, einen Fondsanteil zu kaufen? Zunächst mal müssen Sie eine Kaufgebühr entrichten. Diese Kaufgebühr heißt auf Börsendeutsch **Ausgabeaufschlag**. Dieser Aufschlag ist zum Teil erheblich und kann bis zu 5 Prozent der Anlagesumme betragen. Beispiel: Sie kaufen einen Fondsanteil im Wert von 5 000 Euro. 5 Prozent von 5 000 Euro sind 250 Euro. Die sind auf jeden Fall weg. Gewiß, es gibt auch Fonds, die weniger Kaufgebühren verlangen. Trotzdem frage ich mich oft: „Wofür denn eigentlich?"

Zusätzlich zum Ausgabeaufschlag kassiert ein Fonds nämlich noch versteckte Gebühren, egal, ob Ihr Geld mehr oder weniger geworden ist. Sie zahlen eine Fonds-Mangementgebühr oder eine Verwaltungsgebühr! Und die wird jedes Jahr fällig, auch bei Verlusten. Da wird Ihr Geld vernichtet, und dann zahlen Sie auch noch eine Gebühr dafür. Ja, so ist das! Diese Gebühr wird übrigens prozentual berechnet. Sie liegt in der Regel bei knapp einem Prozent. Folge: Wenn Sie 10 000 Euro in einen Fonds angelegt haben, werden Ihnen jährlich 100 Euro abgezogen.

In einzelnen Fällen sind diese sogenannten Management-Gebühren auch noch höher, sie reichen bis zu knapp 2 Prozent. Dies ist in der Regel bei den Fonds der Fall, die keinen Ausgabeaufschlag erheben.

Fazit: Wer sich nun wirklich nicht mit einzelnen Aktien befassen will, der soll eben Fondsanteile kaufen. Achten Sie darauf, daß Sie nur große Gesellschaften nehmen, die schon einen guten Ruf haben. Jede größere Bank bietet auch Fonds an. Dort sind Sie gut aufgehoben. Aber für Fonds gilt das gleiche wie für Aktien: Nie alles auf eine Karte setzen! Sondern verschiedene Fonds kaufen. Einen zum Beispiel, der nur auf große europäische Unternehmen setzt. Einen anderen, der sich eher auf Computer- und Hochtechnologiewerte konzentriert, und einen dritten, der auf amerikanische Aktien spezialisiert ist. Das wäre eine gute Mischung.

Ein **Tip:** Direktbanken bieten meist günstigere Konditionen beim Fondskauf. Normalerweise zahlen sie ja 3–5 Prozent Kaufgebühren bei Fonds – bei den Discountbanken fallen erheblich weniger Kaufkosten an, manchmal auch gar keine. Und denken Sie daran: Wenn's an der Börse runter geht, verliert auch der Fondsanteil an Wert. Bei Fonds mitzumischen bedeutet nicht, daß man vor Kursrückgängen gefeit ist …

Die besten Fonds

Ich habe hier eine kleine Auswahl für Sie zusammengestellt. Weltweit gibt es mittlerweile Tausende von Fonds. Die Namen klingen oft sonderbar. Man kann aber bei jeder Gesellschaft anrufen und sich genaue Informationen schicken lassen. Die großen Geldhäuser in Deutschland haben alle spezielle Fonds-Gesellschaften. Die DWS ist die Fonds-

DWS (Deutsche Bank) Deutsche Gesellschaft für Wertpapiersparen

Sehr sicher
Top 50 Welt (Bundesliga der Aktien weltweit)
Top 50 Europa (Die besten/größten Aktien in Europa)

Etwas spekulativer:
DWS Telemedia (Technologie/Internet/Kommunikation)
DWS US – Techno (High Tech/Computer USA)
Ohne Ausgabeaufschlag

gesellschaft der Deutschen Bank, und sie ist zugleich der Platzhirsch! Sage und schreibe 160 Milliarden DM Kundengelder werden von der DWS verwaltet. 2,5 Millionen Kunden haben ihr Geld in die Fonds der DWS gesteckt. Daran sehen Sie, daß Sie nicht allein sind ...

Der größte deutsche Fonds ist übrigens der DekaFonds – herausgegeben von den Sparkassen. Im DekaFonds stecken rund 8 Milliarden DM, eine unvorstellbare Summe. Er zählt zu den Klassikern in der deutschen Fondslandschaft und investiert nur in die Bundesliga der deutschen Aktien, den DAX!

Ich habe Ihnen hier jeweils den Namen der Gesellschaft und die dahinterstehenden Kreditinstitute aufgelistet. Dies soll nur ein erster Blick sein auf das, was die Fondslandschaft so zu bieten hat ...

Achtung: Fonds ohne Ausgabeaufschlag haben eine höhere Verwaltungsgebühr. Zwischen 1 und 2 Prozent werden fällig für die Verwaltung, sprich: vom Vermögen werden Ihnen pro Jahr 1–2 Prozent abgezogen. Deshalb eignen sich solche Fonds nicht für eine Langfrist-Strategie.

Übrigens: Alle in Deutschland zugelassen Fonds unterliegen einer strengen Aufsicht. Das Bundesaufsichtsamt für das Kreditwesen ist eine Art

ADIG (Hypo-Vereinsbank/Commerzbank)

(Allgemeine Deutsche Investment Gesellschaft)

Sehr sicher
ADIVERBA (Internationale Banken und Versicherungen u. a.)
Europa Vision (Die „Perlen" Europas)

Etwas spekulativer:
ADISELKT (Kleinere Deutsche Aktien und Neuer Markt)
ADIASIA (Schwerpunkt Japan, Australien, Neuseeland)

Fondspolizei, die darauf achtet, daß alles mit rechten Dingen zugeht.
Das Prädikat **„sehr sicher"** bedeutet nicht, daß solche Fonds nicht ins Minus gehen können. Es bedeutet nur, daß hier sehr große, angesehene Unternehmen vertreten sind.

DIT (Dresdner Bank)

(Deutscher Investment-Trust)

Sehr sicher
Concentra (Deutsche Aktien-Bundesliga)
Industria (Europäische Bundesliga)

Spekulativer:
DIT AKTIEN DEUTSCHLAND AF (z. T. kleinere Unternehmen)
DIT Aktien Europa AF (Europäische Werte, spekulativer)
Ohne Ausgabeaufschlag

„Spekulativer" bedeutet nicht, daß solche Fonds in irgendeiner Form gefährlich sind. Es heißt lediglich: Hier sind kleinere, jüngere Unternehmen vertreten. Deshalb schwanken die Kurse solcher Fonds etwas stärker. Auf lange Sicht sind beide Fondsarten aber interessant.
Faustregel: Den größeren Teil des Geldes in den „sicheren Hafen", mit einem kleineren Teil können Sie ruhig ein wenig mehr riskieren.

Deka (Sparkassen)

Deutsche Kapitalanlagegesellschaft

Sehr sicher
DekaFonds (der Klassiker, größter deutscher Aktienfonds)
AriDeka (Europäische Qualitätsaktien)

Etwas spekulativer:
DekaTeam-GlobalSelec (Internationale Wachstumsfirmen)
Deka-Tele-Medien (Telekommunikation u. Medien, weltweit)

Europa-Fonds

Auch bei den Fonds ist das Thema Euro und Europa sehr beliebt. Es gibt Fonds, die damit 1998 sehr viel Geld verdient haben. Die Idee ist einfach. Eigentlich könnten Sie diese Idee leicht kopieren: Sie kaufen eben nur Europas beste und größte Unternehmen. Suchen Sie sich einfach welche aus in der Liste der Euro-Aktien, die ich Ihnen bereits vorgestellt habe.

- Falls Sie das nicht wollen, dann kaufen Sie eben einen sogenannten Europa-Fonds. Hier gibt es auch Angebote, in denen die Fondsmanager auf etwas kleinere Werte

Europa-Fonds – die besten 1998	
Name	Wertzuwachs (Gewinn 1998)
Euro-Action: MidCap	+44,8 %
UniDynamicFonds: Europa	+41,9 %
Sun Life Euro Growth	+36,7 %
Metzler Euro Small Cap	+36,1 %
DIT-Wachstum Europa	33,6 %
Nestor Europa	+32,2 %
Gartmore Continental Eur.	32,0 %
ABN AMRO Europe Equ.	+31,3 %
European Growth Trust	+29,9 %
Threadneedle Europe Sel.	+29,9 %

setzen. Diese etwas kleineren Werte nennen die Börsianer Mid Caps. Ein solcher kleinerer Wert, also ein solcher Mid Cap ist zum Beispiel Fielmann oder Porsche. Solche Werte schwanken meist etwas stärker als die Börsenriesen. Small Caps sind noch kleinere Werte. Diese Aktien sind am schwankungsfreudigsten. Bei starker Börse gehen sie am meisten hoch, bei schwacher Börse runter. Ich erzähle Ihnen das, weil einige der Fonds, die ich Ihnen hier vorstelle, genau in diese Aktiengattungen Geld stecken.

● Nicht nur die Europa-Aktien, sondern eben auch diese Europa-Fonds haben den Anlegern großes Vergnügen bereitet. 1998 waren historisch einmalige Wertsteigerungen drin. Aber bedenken Sie: Solche Steigerungen sind nicht der Normalfall! Im Durchschnitt steigen Aktien und Fonds jährlich zwischen 7 und 12 %. Alles andere ist unnormal. Und Sie wissen ja auch: Die Steigerungsraten der Vergangenheit sind kein Versprechen für die Zukunft. Da kann alles anders ein! Trotzdem ist es interessant, zu sehen, was im Einzelfall aus dem Geld geworden ist.

Noch mal: 1998 war ein erstaunliches Börsenjahr. Kein Fonds kann garantieren, daß die Wertentwicklung in Zukunft ähnlich rasant verläuft. Und vergessen Sie nie: An der Börse kann es auch Verlustjahre geben. Langer Atem ist immer gefragt!

Geld-zurück-Garantie?

Und was ist mit den Fonds, die damit werben, daß Sie später Ihr eingezahltes Geld auf jeden Fall zurückbekommen?
Das sieht auf den ersten Blick verführerisch aus – aber Sie wissen ja: Banken haben nichts zu verschenken. Börse mit Vollkasko kostet auch Geld. Die Nachteile bei den Fonds mit Geld-zurück-Garantie: Sie kriegen das Geld nur nach Ablauf einer bestimmten Frist zurück. Meistens einige Jahre, viele Vollkasko-Fonds garantieren die eingezahlte Summe erst nach 4 Jahren. Nur: Wie Sie bereits wissen – innerhalb von 4 Jahren steigen die Börsen fast immer. Sind sie jedenfalls bisher immer. Also braucht man gar keine Versicherung. Die kostet nämlich Geld. Diese Fonds setzen nur einen geringen Teil Ihres Geldes an der Börse ein. Der weitaus größere Teil wird in die Versicherung investiert, die kostet nämlich viel Geld. Also profitieren Sie nur zu einem geringeren Teil von einer Börsenrallye.
Und was ist, wenn Sie zwischendurch aussteigen wollen? Hier liegt der Haken! Sie können zwar vorher aussteigen, aber dann gilt die Vollkasko nicht. Wenn Sie vor der Frist aussteigen und die Börse liegt am Boden, dann kriegen Sie die Verluste nicht ersetzt! Also ist Ihr Geld trotzdem weg …

8. Höhere Rente durch Aktien

1871 betrug die Lebenserwartung in Deutschland durchschnittlich 37 Jahre! Heutzutage leben die Menschen etwa 77 Jahre.
Daß die Rente im nächsten Jahrtausend in Gefahr ist, hat sich mittlerweile schon herumgesprochen.
Allen Beteuerungen der Politiker zum Trotz: Ernstzunehmende Wirtschaftswissenschaftler haben schon lange errechnet, daß es ab dem Jahr 2020 dramatisch sein wird. Dann gibt es fast mehr Rentner als Einzahler. Bis zum Jahr 2040 wird eine Verdopplung der Rentner erwartet. Wer soll das bezahlen? Mit dem System, wie wir es bisher kennen, funktioniert es jedenfalls nicht!
Folge: Es wird keine lohnabhängige Rente geben, wie wir sie bisher kennen. Alles läuft auf eine Einheitsrente hinaus mit einem relativ geringem Grundbetrag. Betrogen sind dann natürlich diejenigen, die bisher immer brav in die Rentenkasse eingezahlt haben.
Auch wenn dies nun leider nicht zu ändern ist, können Sie zumindest persönlich Vorsorge treffen. Mit einem Aktien-Sparplan.

Ich habe Ihnen einmal zusammengestellt, was dabei am Ende herauskommt. Ich kann leider nicht vermeiden, daß Ihnen vielleicht übel vor Ärger wird. Denn Sie werden sehen, wie relativ geringe monatliche Beträge am Ende zu einem stattlichen Vermögen heranwachsen.

Das, was Ihnen dagegen derzeit vom Lohn für die Rentenkasse abezwackt wird, ist mit hoher Wahrscheinlichkeit verloren. Es ist sicherlich nicht vermessen, in diesem Zusammenhang nicht nur von einer Rentenlüge, sondern sogar von einem Rentenverbrechen zu sprechen. Die Generation von heute zahlt und kriegt am Ende nichts.

Es ist deshalb besonders wichtig, die Rente in die eigene Hand zu nehmen.

Altersvorsorge: ab 50 Euro monatlich

Die Vorteile bei Aktienfonds: Sie können schon mit relativ geringen Summen monatlich beim Aktiensparen dabeisein.

Schon ab 25 Euro monatlich ist das möglich. Wenn Sie 50 oder gar 100 Euro abzwacken können, um so besser. Wie Sie Ihren Ruhestand sichern können, indem Sie entweder einen einmaligen Betrag in Aktien oder monatliche Beträge in einen Fonds investieren, sehen Sie an den folgenden Beispielen:

Wundersame Geldvermehrung

Schon mit wenig Geld läßt sich ein beachtliches Vermögen aufbauen.

Ein Betrag von 10 000 Euro, einmalig in Aktien angelegt, wächst

in ...	auf Euro
1 Jahr	10 800
2 Jahren	11 664
3 Jahren	12 597
4 Jahren	13 605
5 Jahren	14 693
10 Jahren	21 589
15 Jahren	31 722
20 Jahren	46 610
30 Jahren	100 627

Quelle: Bundesverband Deutscher Investmentgesellschaften.
Angenommene jährliche Verzinsung: 8 % + Zinseszins.

Aus 10 000 Euro werden also in 30 Jahren über 100 000 Euro. Sie sehen: Aktiensparen lohnt sich.

Wenn Sie nicht eine größere Summe Geldes haben, die Sie anlegen können, dann reicht auch ein kleiner monatlicher Betrag, um ein Vermögen aufzubauen. Hier ein Beispiel:

**„Regel eins lautet:
Nie Geld verlieren.
Regel zwei sagt:
Vergesse nie die Regel
Nummer eins.“**

US-Milliardär Warren Buffett

Monatliche Einzahlung: 100 Euro	
In	**entstehen Euro**
1 Jahr	1 252
2 Jahren	2 604
3 Jahren	4 064
4 Jahren	5 642
5 Jahren	7 345
10 Jahren	18 137
15 Jahren	33 994
20 Jahren	57 294
30 Jahren	141 831

Quelle: Bundesverband Deutscher Investmentgesellschaften. Angenommene jährliche Verzinsung: 8 % + Zinseszins.

Aus 100 Euro monatlicher Einzahlung wird also am Ende ein stattliches Vermögen! In unserer Rechnung sind es über 140 000 Euro! In günstigen Fällen kann es sogar noch mehr sein. In ungünstigen etwas weniger.

1000 Euro Zusatzrente gefällig?

Sie haben jetzt gesehen, wie man schon mit geringen monatlichen Zahlungen im Alter ein Vermögen erzielen kann. Es gibt auch Fondsmodelle, bei denen Sie im Rentenalter nicht alles auf einmal ausgezahlt bekommen, sondern in monatlichen Raten.

Vorteil: Das Geld, das übrig bleibt, wächst weiter. Und Sie haben ein monatliches Zubrot, von dem Sie zum Beispiel schön in Urlaub fahren können.

Wenn Sie sich also die 141 831 Euro im vorliegenden Fall nicht in einem Stück auszahlen lassen, dann kassieren Sie noch ungefähr 20 Jahre 1000 Euro monatlich! Diese Variante halte ich persönlich für sehr vorteilhaft.

Ein anderes Beispiel, welches die DIT (Deutscher Investment Trust) ausgerechnet hat:

Wenn Sie monatlich 50 Euro zurücklegen und das 35 Jahre hintereinander tun, dann können Sie sich danach 25 Jahre lang über 700 Euro genehmigen, bis das gesamte Geld aufgebraucht ist. Sie sehen: Eine etwas längere Laufzeit bringt am Ende mehr Bares.

Es ist nicht so sehr entscheidend, wieviel Geld Sie anlegen. Vielmehr ist es wichtig, daß Sie es für eine möglichst lange Zeit tun! Je länger Sie warten können, desto höher der Ertrag am Ende der Laufzeit.

Nur Vorteile!

Es kann immer mal magere Zeiten geben. Dann ist es beim Fonds-/Aktiensparen möglich, daß Sie auch nichts einzahlen. Niemand zwingt Sie dazu! Es ist eben anders als beim Abschluß einer Versicherung, wo sie in jedem Fall zahlen müssen.

Beim Fonds-/Aktiensparen sind Sie Ihr eigener Herr. Wenn's mal nicht so gut läuft, dann können Sie aussetzen mit den Zahlungen. Wenn Sie dagegen erfolgreiche Lebensphasen haben, dann können Sie jederzeit auch mehr einzahlen. Das wirkt sich am Ende natürlich auch positiv aus.
Wenn es dagegen einmal richtig schlimm kommen sollte, können Sie auch jederzeit an das Angesparte heran. Das ist ebenfalls ungeheuer wichtig. Es wird Ihnen nichts abgezogen, Sie brauchen keine Verträge zu kündigen.

Sie sehen: Sparen mit Aktien ist unschlagbar.

Die Rechenbeispiele bezogen sich übrigens auf ganz normale Fonds, die Sie überall kaufen können. Mehr Informationen über die deutsche Fondslandschaft erhalten Sie unter dieser Adresse:

Bundesverband Deutscher Investment-Gesellschaften, Eschenheimer Anlage 28, 60318 Frankfurt

Wir haben jetzt über die Geldanlage bei Fonds gesprochen. Sie können solche Sparpläne aber auch selbst machen, indem Sie direkt Aktien kaufen. Dann sparen Sie die Fondsgebühren. Das führt am Ende zu noch besseren Ergebnissen!

Aktiensparen

Man kann auch mit Aktien direkt sparen. Natürlich lohnt es sich nicht, monatlich 50 Euro in Aktien anzulegen. Das ist etwas zu wenig. Es funktioniert aber trotzdem, und zwar mit einem kleinen Trick:
Das, was Sie beiseite legen können, sammeln Sie am besten auf einem Festgeldkonto (zur Not auch auf einem Sparbuch) und kaufen dann alle 3–6 Monate Aktien. Welche ist egal – sie sollten nur in den großen Indizes, also Kursbarometern, vertreten sein. In Deutschland ist das der DAX. Dort finden Sie die 30 wichtigsten und größten Aktien.
Sie kaufen also immer, wenn Sie etwas Geld zu Verfügung haben, ein paar Aktien und achten darauf, daß Sie eine gute Mischung zusammenstellen. Also nicht immer die gleichen kaufen! Es sollten aber auch nicht mehr als etwa zehn unterschiedliche Aktien sein, weil man sonst leicht den Überblick verliert.
Sie werden sich wundern: Im Laufe der Jahre kommt dann ebenfalls ein stattliches Sümmchen zustande, ganz wie von selbst. Jede Versicherung, jede Pensionskasse arbeitet schließlich so.

Apropos Versicherungen – soll man nicht fürs Alter eine Lebensversicherung abschließen? Auf keinen Fall! Es war schon immer besser, Versicherungsaktien zu kaufen, als eine Lebensversicherung abzuschließen. Die Auszahlungen der Versicherungen sind keineswegs garantiert. Garantiert ist nur, daß Sie mit Ihrem Geld den Vertreter und die Hochhäuser bezahlen. In vielen Fällen erhalten Sie zum Schluß noch weniger Geld, als wenn Sie es in all den Jahren auf einem Sparbuch gehabt hätten. Und das ist ja bekanntlich die schlechteste Art, sein Geld zu mehren.

Aktien sind die beste Altersvorsorge. Und je länger Sie die Aktien besitzen, desto mehr Freude werden sie an der Anlage haben.

9. Rat und Hilfe

Es gibt verschiedene Vereinigungen, die Ihnen mit Rat und Tat zur Seite stehen. Besonders dann, wenn es mal Probleme oder Fragen gibt in Sachen Börse und Aktienkauf.
Eine der wichtigsten Interessenvertretungen für den Kleinaktionär ist die Deutsche Schutzvereinigung für Wertpapierbesitz (DSW). Diese Vereinigung kann ich Ihnen nur empfehlen. Der Mitgliedsbeitrag beträgt 75 Euro im Jahr. Dafür hat die DSW auch schon so manchen Musterprozeß im Sinne des Kleinaktionärs durchgezogen und meistens auch gewonnen.
Die DSW berät Sie in rechtlichen Fragen und ist auch bei vielen Hauptversammlungen zugegen. Sie sorgt für ordentliche Dividenden und hilft, wenn es mal Probleme mit Banken gibt.
Außerdem erhalten Sie monatlich ein Börsenmagazin: *Das Wertpapier*. Dort finden Sie nützliche Informationen rund um die Aktie und wertvolle Investmenttips.
Die DSW ist die größte Vereinigung dieser Art in Deutschland und zählt rund 20 000 Mitglieder. Adresse: Humboldtstr. 9 in 40237 Düsseldorf.
Auch die Schutzgemeinschaft der Kleinaktionäre (SdK) kümmert sich um die Belange der Freizeit-Börsianer: Wiesengrund 14, 73743 Esslingen a. N.

Investment-Clubs

Zusammen macht vieles mehr Spaß. Und gemeinsam investieren ist eine schöne Sache. Man spricht in lokkerer Runde seine Ideen durch und fällt eine Anlageentscheidung.
Sie können ab zwei Personen einen Investment-Club gründen. Vorteil: Sie werfen Ihr Geld zusammen. Dadurch können Sie mehr Aktien kaufen, was meistens billiger ist. Es fallen dann oft geringere Gebühren an.

In Deutschland gibt es rund 6000 Investment-Clubs. Die größten: Der Hamburger Aktienclub mit 400 Mitgliedern oder der Münchener Wertpapierclub mit ebenfalls rund 400 Teilnehmern. Übrigens: Alle Investment-Clubs in Deutschland bringen es immerhin auf etwa 600 Millionen DM Anlagesumme. Sie sehen: gemeinsam sind Sie stark!
In der Regel bestehen solche Clubs aus 3–20 Personen. Man trifft sich in regelmäßigen Abständen, diskutiert über die Aktienanlage und entscheidet dann gemeinschaftlich darüber, was verkauft und was gekauft wird.

Es gibt übrigens auch viele Investment-Clubs, die nur aus Frauen bestehen. Und meines Wissens haben die meistens die bessere Wertentwicklung vorzuweisen. Frauen scheinen einfach etwas gelassener und ruhiger zu sein als Männer. Die männlichen Investoren gehen meist etwas impulsiver und auch aggressiver vor. Sie sind offenbar weniger geduldig – doch Geduld ist eine Tugend, die gerade an der Börse von großem Vorteil ist.
1898 wurde in den USA der erste Investment-Club gegründet. Damals taten sich ein paar Arbeiter zusammen, damit auch sie an der Börse spekulieren konnten. In jenen Jahren war es gar nicht so einfach, an die Börse zu gehen. Es war sehr viel mehr Geld erforderlich. Heute können Sie ja im Prinzip eine einzige Aktie kaufen …
Ich habe schon viele Investment-Clubs besucht. Es ging immer sehr heiter und gelassen zu. Den Leuten macht es Spaß, über die Börse zu diskutieren, gemeinsame Anlageentscheidungen zu treffen. Ich kann Ihnen nur raten, auch einen solchen Club zu gründen, dann macht Börse noch mehr Freude.
Hilfestellung leisten übrigens die Schutzvereinigungen. Hier erhalten Sie eine kleine Broschüre über den Aufbau eines solchen Clubs. Es ist ganz einfach. Einer der wenigen Bereiche, wo die Bürokratie noch nicht zugeschlagen hat.

10. Börsenweisheiten

Warren Buffett meint: „Ich versuche nie, mit Aktien Geld zu verdienen. Ich kaufe in der Überzeugung, daß die Börse am nächsten Tag auch für 5 Jahre schließen könnte." Warren Buffett ist der beste Börsianer aller Zeiten. Er ist heute Milliardär! Was hat ihn dazu gemacht? Seine Langfriststrategie. Was am nächsten Tag passiert, ist ihm egal. Was allein zählt, sind die nächsten Jahre. Dieses Beispiel zeigt Ihnen in aller Deutlichkeit:

Wer Aktien kauft, braucht drei Dinge: 1. Geduld, 2. Geduld und 3. Geduld. Die allerbeste Strategie ist Durchhalten.
Von Warren Buffett stammt auch der Spruch: „Eine Aktie, die man nicht 10 Jahre zu halten bereit ist, darf man auch nicht 10 Minuten besitzen!" Da ist viel Wahres dran!

Hin und Her macht Taschen leer!

Manche neue Aktienbesitzer verlieren leider oft die Geduld. Für viele Börsianer ist es auch eine Art Volkssport, tagtäglich die Kurse zu verfolgen und ihre privaten Wetten auf steigende Kurse abzuschließen. Es ist dann so wie im Kasino: man setzt nicht auf Zahlen, sondern auf Aktien. Das sind die „Rein-Raus-Typen", auf englisch nennt man sie auch *„Trader"*. Sie sind nur auf schnelle Tages- oder Wochengewinne aus. Jeder will natürlich das Beste rausholen. Ob es hinterher auch gelingt, ist eher fraglich. Einen Gewinner gibt es bei dieser Strategie auf jeden Fall: die Banken! Sie verdienen immer, denn bei jedem Kauf und Verkauf fallen Gebühren an.

Wer sich mit kleinen Gewinnen begnügt, der hat große Gewinne nicht verdient!

Wenn eine Aktie steigt, dann ist die Versuchung groß, zu verkaufen und sich über den Gewinn zu freuen! Doch meistens währt diese Freude nicht sehr lange. Wenn sie dann am nächsten Tag weiter steigt und in den nächsten Wochen/Monaten wie eine Rakete abgeht, dann ist der Ärger groß. „Hätte ich doch ..." ist der häufigste Ausruf an der Börse. Aber mit „hätte" ist nichts gewonnen. Vorbei ist vorbei. Und eine steigende Aktie zu verkaufen ist der Fehler, den die meisten Börsianer machen.

Wer partout nicht durchhalten will, sondern ab und zu ein- und aussteigen möchte, der sollte folgendes beachten:
Ein alter englischer Spruch lautet: *„Cut your losses and let your profits run!"* Zu deutsch: Begrenze deine Verluste und laß die Gewinne laufen. Hört sich einfach an – nur viele Börsianer befolgen diese Weisheit nicht. Wenn es runter geht, geraten Sie in Panik und machen alles falsch. Wenn eine Aktie nicht laufen will, dann kann man sie durchaus auf die Abschußliste setzen! Also: Verkaufen.
Nur: Viele Anleger verhalten sich umgekehrt: Bei rauhem Börsenklima verkaufen sie zuerst die Aktien, bei denen sie im Gewinn sind, und halten an den Verlierern fest. Genau das ist falsch! Aktien, mit denen man im Verlust steht, kann man ruhig ver-

kaufen. Oft ist es so, daß eine bestimmte Richtung in der Kursentwicklung für eine gewisse Zeit beibehalten wird. Also, wenn's runter geht, geht's erst mal für eine lange Zeit runter. Und wenn es rauf geht, dann geht's meist auch lange aufwärts. Deshalb: Verluste begrenzen! Das heißt, die Aktien verkaufen, die in den Miesen stehen, auch wenn man damit seinen Verlust realisiert. Und Gewinne laufen lassen!

Gewinne laufen lassen!

Das heißt, auf keinen Fall die Aktien verkaufen, die sich nach oben bewegen. Hier sollten Sie sogar noch zukaufen! Auch das ist Bestandteil einer erfolgreichen Börsenstrategie. So handeln auch die echten Börsengenies!
Nur das menschliche Gemüt wehrt sich: Jetzt ist die Aktie so lange und so hoch gestiegen, das kann doch nicht so weitergehen – das denkt man. Ist aber falsch. Statistisch gesehen, steigen Gewinner meist weiter, selbst wenn die Aktie auf Höchstkurs steht. Probieren Sie es aus! Suchen Sie in den Zeitungen nach den Gewinnern. Und verfolgen Sie diese Pferde weiter. Sie werden sehen, daß die Chance riesengroß ist, daß diese Aktien auch in Zukunft auf der Gewinnerseite stehen.
Kleiner Trost: Auch bei den Titeln, die im Minus sind, wird es mit der Zeit meistens besser. Wenn Sie an eine Aktie glauben, dann sollten Sie sich auch nicht so schnell von ihr trennen. Nur eines sollten Sie nicht: Nachkaufen oder verbilligen, wie der Fachmann sagt. Wenn eine Aktie nicht läuft, dann hat das irgendwas zu bedeuten. Meist kommt dann später irgendeine schlechte Nachricht, oder es sind andere negative Einflußfaktoren da, die noch nicht bekannt sind. Also, Aktien, die sich nach unten bewegen, sollten Sie nicht anfassen! Auf englisch sagt man: *„Never catch a falling knife!"* Zu deutsch: Fange niemals ein fallendes Messer auf. Genauso ist es mit den Aktien. Was einmal fällt, fällt auch meistens weiter.

Keine fallenden Messer fangen!

(Hartgesottene Börsianer sagen: „Man soll nicht gegen den Wind pinkeln!")

Aber glauben Sie mir: Diesen Rat beherzigen auch viele Profi-Börsianer nicht. Wenn sich zum Beispiel eine Aktie halbiert hat, dann glauben viele, sie sei jetzt billig. Manch einer träumt dann von alten Höchstkursen und hofft, daß irgendein Ereignis die Aktie schon wieder dort hintragen wird. Das ist natürlich auch nicht ausgeschlossen. Fakt ist aber: Selbst wenn sich eine Aktie halbiert hat, kann es weiter runter gehen. Das erlebe ich tagtäglich. Im Zuge der Rußlandkrise sind manche Aktien um 95 Prozent und mehr gefallen! Ein Energieversorger zum Beispiel kostete im Höchstkurs seinerzeit 177,– DM, und am Ende fiel er bis auf 2,50! Sie haben richtig gelesen. Soviel zum Thema fallende Kurse, Hoffnung und fallende Messer. Auch der Kurs dieses russischen Energieversorgers wird sich im Laufe der Jahre wieder erholen. Aber in der Zwischenzeit hätte mit Gewinneraktien viel mehr Geld gemacht werden können.

Der Trend ist dein Freund!

(engl.: *The trend is your friend*)

Bei steigenden Aktien haben Sie in der Regel größere Chancen. Es gibt erfolgreiche Börsianer, die schauen sich nur die Kursentwicklung an. Wenn etwas immer nur steigt, dann springen sie auf. Es interessiert sie nicht, welches Unternehmen dahintersteckt. Sie schauen nur auf die Kurse. Dies ist durchaus eine erfolgreiche Strategie. Alte Börsenfüchse haben damit schon viel Geld verdient. Daran sehen Sie in aller Deutlichkeit: Man braucht wirklich keine Ahnung zu haben, um an der Börse erfolgreich zu sein. Man darf nur nicht leichtsinnig werden. Gewinnerlisten werden übrigens in vielen Wochenmagazinen veröffentlicht. Es ist sozusagen die Hitparade der Aktienwoche. Ein Blick darauf lohnt sich immer.

Nicht alle Eier in einen Korb legen!

... denn wenn der Korb herunterfällt, sind alle Eier kaputt. Wer an der Börse alles auf eine Karte setzt, der kann schnell eine gewaltige Schieflage erleiden. Natürlich heilt die Zeit meistens jeden Börsenverlust. Auf lange Sicht sind fast alle Aktien nur gestiegen. Dennoch: Sein gesamtes Geld in eine Aktie zu stecken erhöht das Risiko erheblich. Nicht zu wenig und nicht zu viel, lautet die Devise. Mein Tip: Investieren Sie in zehn unterschiedliche Aktien.

An der Börse gibt es besondere Phasen steigender Kurse. Solche Perioden nennt man auch Börsen-Hausse (geprochen: „oß", kommt aus dem Französischen). Das Gegenteil davon ist die Börsen-Baisse (gesprochen: „bäß").

Wenn die Börse hoch geht, dann werden viele Börsianer leichtsinnig und euphorisch. Alles läuft den steigenden Kursen hinterher. Jeden Tag gibt es steile Bewegungen nach oben. Wenn es die Börsianer zu toll treiben, dann bereinigt sich die Situation oft von selbst. Dann kommt es zu einem kleinen oder großen Knall, die Kurse purzeln in den Keller. Manchmal bedarf es dazu auch keines besonderen Anlasses. Es passiert einfach so. Von heute auf morgen. Und alle wundern sich. Bei solchen Übertreibungen sollten Sie auch vorsichtig sein.

„Ich versuche nie, mit Aktien Geld zu verdienen. Ich kaufe in der Überzeugung, daß die Börse am nächsten Tag auch für fünf Jahre schließen könnte.“

US-Milliardär
Warren Buffett

Die Hausse stirbt in der Euphorie!

Also, wenn Sie das Gefühl haben, die Börse wird langsam zum Irrenhaus, dann sollten Sie nicht auch noch auf den Zug aufspringen. Auch hier zahlt sich Geduld wieder aus. Manchmal ist es sinnvoll, bei Übertreibungen einfach abzuwarten.
Der Sommer 1998 war eine solche Phase: Von Januar bis Juli sind die Kurse praktisch jeden Tag nur gestiegen. Der DAX stieg um 50 Prozent! Und dann, von heute auf morgen, ging es bergab. Erst langsam, dann immer schneller. Zwölf Wochen hintereinander sanken die Kurse. Gemessen an den Höchstständen verloren einzelne Werte wie Deutsche Bank oder Daimler 50 Prozent. Das heißt, sie halbierten sich! Im Oktober konnte man dann viele Titel zum Ausverkaufspreis ergattern. Der Mutige ist dann eingestiegen.

Wenn's in der Tagesschau ist, ist's vorbei!

Immer dann, wenn die Börsen beben, nehmen die öffentlichen Medien davon erst kaum Notiz. Wenn es dann aber immer stärker bergab geht, dann sind die Schlagzeilen plötzlich voll von Börse. Große Wochenmagazine berichten, wie schrecklich alles ist, wie furchtbar es noch werden wird. In der Tagesschau, wo Börse sonst kaum stattfindet, berichten besorgte Reporter mit kummerumflortem Blick vom Drama an den Finanzplätzen.
Wenn fallende Kurse die Schlagzeilen füllen, dann wissen Sie: Es kann nicht mehr lange dauern, bis sich das Blatt wieder wendet. So hab' ich es immer wieder erlebt.

Zum Einstieg wird nicht geblasen!

Wenn die Börsen also Trauer tragen, dann ist das Ihr Signal zum Einstieg. Dann, wenn alle (und natürlich auch Ihr Banker) der Meinung sind, daß an der Börse nun vorerst nichts mehr zu holen sei, dann müssen Sie sich überlegen, das Gegenteil zu machen. Das hat sich jedenfalls in der Vergangenheit immer wieder bewährt. An der Börse läuten nicht die Glocken, um den richtigen Einstiegszeitpunkt zu markieren. Es ertönen auch keine Fanfaren.

Kaufen, wenn die Kanonen donnern

Ein alter Börsenspruch. Geht darauf zurück, daß die Börsen früher oft zu Beginn eines Krieges stark gefallen sind. Heute donnern zwar keine Kanonen mehr, es gibt aber immer mal wieder Ereignisse, die zu einem Kursrutsch führen. Dann sollten Sie zugreifen.
Nur: Das sind dann auch die Tage, an denen man über seinen eige-

nen Schatten springen muß, denn jeder wird an solchen Tagen sagen: „Bist du wahnsinnig, heute zu kaufen! Morgen geht die Börse doch weiter in den Keller."

Lassen Sie sich davon nicht beirren. Sie sollen natürlich nicht alles Geld einsetzen. Aber wer was übrig hat für ein Aktienschnäppchen, der wird seine Investition nicht bereuen. An Crash-Tagen ist es oft auch egal, was man kauft. Denn die meisten Aktien sind bei solchen Gelegenheiten 30–50 Prozent billiger zu haben als noch am Vortag. Also: Dann, wenn das Geschrei am größten ist, wenn die Schlagzeilen am dicksten sind, wenn die Lage aussichtslos erscheint – dann sollten Sie kaufen.

Und wann geht es wieder rauf? 1929 hat es sieben Jahre gedauert. 1987 mußte man sich auch einige Jahre gedulden. Ein bekannter Börsenspekulant, George Soros, hatte bei diesem Crash 500 Millionen Dollar verloren. Warum? Weil er auf Kredit spekuliert hatte! Und als die Kurse nach unten knallten, mußte er verkaufen, natürlich hat er sein Geld nicht mehr reinbekommen. Er ist aber noch mit einem blauen Auge davongekommen und heute wieder sehr erfolgreich.

Es gibt aber auch Kurz-Crashs! Die dauern manchmal nur einen Tag. Nur: Das weiß halt niemand im voraus. 1989 gab es so einen Tag. Die Börse krachte ein. Und alle dachten wieder mal, es ist aus. Man erinnerte sich an 1987 und war der Meinung, daß es jetzt wieder Jahre dauern würde, bis sich die Kurse erholten. Aber: Sie erholten sich schon am nächsten Tag. Das war eine große Überraschung! Und viele ärgerten sich schwarz, weil sie am Vortag in Panik alles rausgeschmissen hatten. Und dann gibt es noch „Sekunden-Crashs", wie ich es nenne. So etwas ist am 28. Oktober 1997 passiert. Weil New York am Vortag absackte, ging es auch mit deutschen Aktien drastisch bergab. Der DAX verlor 1000 Punkte in einer Stunde. Die Aktien verbilligten sich um 20–30 Prozent! Das gab es noch nie. Doch nach dieser atemberaubenden Talfahrt ging es schon am Vormittag wieder bergauf. Und zum Börsenschluß um 17 Uhr war es, als wenn nichts gewesen wäre: Der DAX und viele deutsche Aktien standen da, wo sie auch am Vormittag waren.

Dies alles zeigt Ihnen: Sie dürfen an der Börse nicht in Panik geraten. Wer die Nerven verliert, der verliert auch sein Geld. Wenn Sie an der Börse sind, dann müssen Sie wissen, daß es solche finsteren, trostlosen Tage gibt. Doch bis jetzt ist immer wieder die Sonne aufgegangen.

Wer mit wenig Geld nicht auskommt, der kommt auch nicht mit viel Geld aus!

Nicht immer laufen die Dinge an der Börse so, wie man es sich wünscht. Es gibt auch Phasen, in denen man lange warten muß, bis man am Ziel ist. Wichtig ist, daß man auch mit kleinen Summen gut durchs Leben kommt. Der Spaß am Leben ist nicht abhängig von der Größe des Kontos. Gerade wenn die Geldquellen mal nicht so üppig sprudeln, sollte man das auch als Herausforderung sehen. Würstchen grillen am Lagerfeuer ist oft schöner als Champagner in einem Fünf-Sterne-Restaurant.

Bleiben Sie immer bei Ihren Wurzeln. Ich kenne Menschen, die haben Ihre Millionen in wenigen Tagen verjubelt. Und ich kenne Millionäre, die immer noch mit abgetragenen, alten Mänteln in den billigsten Cafés sitzen und dort ihren Kaffee trinken, weil er eben genauso schmeckt wie bei der teuren Konkurrenz! Denken Sie daran: Das Wichtigste im Leben kann man immer noch nicht mit Geld kaufen. Insofern hat Oscar Wilde unrecht, von dem folgendes Zitat stammt:

„Als ich klein war, glaubte ich, Geld sei das Wichtigste im Leben. Heute, da ich alt bin, weiß ich: es stimmt."

Börsenwahnsinn

Aber genau das ist der entscheidende Punkt. Wenn man mal im Glücksrausch steigender Kurse ist, dann benehmen sich viele Börsianer wie Betrunkene. Sie wagen das Spielchen in immer größerem Rahmen. Am Ende reicht das Geld nicht mehr, und dann nimmt man eben Kredit von der Bank. Viele Banken machen das auch noch mit. Aber das böse Erwachen kommt so sicher wie das Amen in der Kirche. Ich kenne Börsianer, die Millionen gewonnen haben – und Millionen innerhalb von Tagen verloren. Warum? Weil sie leichtsinnig wurden und über die Stränge geschlagen sind. Da müssen Sie sich auf jeden Fall unter Kontrolle halten. Freuen Sie sich über Gewinne. Bleiben Sie aber auch ein bißchen demütig. Bescheidenheit hilft auch an der Börse.

Aber so ist die Börse eben: Sie schwankt zwischen Gier und Angst. Angst, alles zu verlieren, und der Gier, noch mehr Geld zu machen.

Genau dazwischen sollten Sie Ihren Weg finden. Wenn Sie noch nie mit der Börse zu tun hatten, dann werden Sie das jetzt so theoretisch nicht als schwierig empfinden. Ich garantiere Ihnen aber: Wenn Sie das Börsenfieber einmal gepackt hat, dann sieht die Sache wieder ganz anders aus. Börse kann richtig süchtig machen, süchtig nach mehr. Und darin liegt eine große Gefahr.

Also noch einmal: Nie den letzten Groschen in Aktien anlegen und auf keinen Fall auf Kredit kaufen. Ich kann es nicht oft genug betonen –

weil es eben in der Praxis so oft vorkommt.
Die Börsenturbulenzen des Jahres 1998 sind nicht zuletzt durch Kreditkäufe ausgelöst worden! Alles wurde auf Pump gekauft. Die großen Spieler dieser Welt: sie haben 1 Dollar eingesetzt und 100 Dollar bewegt. Daß so etwas irgendwann schiefgeht, leuchtet jedem ein. Ich persönlich kenne einen Börsianer in Frankfurt, der mit einem Einsatz von wenigen Millionen vorübergehend 1 Milliarde bewegt hat. Der Junge war 25 Jahre alt! Ein *Golden boy*, wie es in der Szene heißt. Auch bei ihm ging die Sache schief: Er verlor in wenigen Stunden Millionen. An der Börse geht es manchmal eben sehr schnell ...

Tränen

Während des Kursniedergangs in der zweiten Hälfte des Jahres 1998 erreichten uns zahllose Schreiben und Anrufe in der Redaktion der *Telebörse*. Viele waren das erste Mal in Aktien eingestiegen, und das erste Halbjahr verlief ja wirklich erfreulich. Viele Aktien gewannen 50 Prozent – manche verdoppelten sich! Eine ungewöhnliche Phase. Doch es war genau zu beobachten, wie immer mehr Leute auf den Zug sprangen und alles zu jedem Kurs kauften. Noch schlimmer: In einzelnen Fällen wurde sogar eine Hypothek aufs Eigenheim aufgenommen, um Aktien zu erwerben. Unglaublich, wie leichtsinnig manche Kredithäuser sind – aber die damalige Börsensituation war auch sehr vielversprechend. Euphorie also machte sich breit. Und dann kam es, wie es immer kommt: der Crash. Es begann im August. Diesmal fielen die Kurse nicht an einem Tag, sondern fast jeden Tag, und das 12 Wo-

Die 10 Todsünden an der Börse

1. Ungeduld
2. Den Kursen hinterherlaufen
3. Ständig kaufen und verkaufen
4. Auf andere hören
5. Panik
6. Aktien auf Kredit kaufen
7. Alles auf eine Karte setzen
8. Irgendwelchen Prognosen glauben
9. Bei Gewinnen zu schnell aussteigen
10. Bei Verlusten nachkaufen

chen hintereinander! Viele Aktien halbierten ihren Wert im Laufe der Zeit. Viele Börsianer wurden fast depressiv – in der Redaktion herrschte auch schon eine ziemlich bedrückte Stimmung. Viele Zuschauer fragten um Rat: Wann geht es wieder rauf? Eine Anruferin gestand mir unter Tränen am Telefon, daß sie mit einem Kredit 1000 Aktien von Refugium (einer eher spekulativen Aktie vom Neuen Markt) gekauft hatte – mit 130 DM pro Stück. Das war in der Nähe des Höchstkurses. Und auf Kredit! Die Aktie ist auf 50 DM gefallen, aus 130 000 DM wurden 50 000! Ein Verlust von 80 000 DM! Aber der Kredit von 130 000 DM mußte trotzdem bedient werden. Schließlich wollte die Bank auch noch ihr Geld zurück. Die Unglückliche wußte natürlich nicht, wo sie dieses Geld hernehmen sollte, und fragte mich um Rat. Ich konnte ihr nur sagen, daß sie nun warten müsse, bis die Aktie wieder steigt, denn Refugium ist im Prinzip keine schlechte Aktie.

Es zeigt sich: Tränen und Hoffen helfen nicht, wenn man leichtsinnig wurde an der Börse. Manch einer hat schon Haus und Hof verloren. Bleiben Sie also vorsichtig. Sie verpassen nichts. Manchmal ist es auch besser, den Börsenzug ohne einen selbst abfahren zu lassen. Um so schöner ist es dann, wenn alle über niedrige Kurse weinen, wieder einzusteigen.

Börsen-Träume

Wer an der Börse erfolgreich ist, der darf sich auch was leisten! Wenn Sie die Höhen und Tiefen des Börsenalltags gemeistert haben, dann warten am Ende prächtige Gewinne. Gerade in Jahren stark steigender Aktien wie zum Beispiel 1997 gab es schon den einen oder anderen Porsche mehr auf der Straße. Ich kenne erfolgreiche Börsianer, die es auch schon zum Ferrari gebracht haben.

Es ist durchaus nicht falsch, sich zwischendurch auch mal zu belohnen. Sie leben nur einmal! Warum sollen Sie sich dann nicht den einen oder anderen Traum erfüllen? Wer durchhält an der Börse, dem winken schöne Gewinne, und die kann man auch schon mal mitnehmen.
An der Wall Street ist es sehr schön, zu beobachten, wie das Geld fließt, wenn die Börse steigt. Dann knallen die Champagnerkorken, und es stauen sich die Luxuskarossen. Aber genauso, wie die Börse manchmal nach oben übertreibt, übertreibt sie manchmal nach unten. In diesen dunklen Stunden sollten Sie es sich dann auch gutgehen lassen. Warum sich selbst kasteien, wenn die Kurse in den Keller gehen? Machen Sie es sich gemütlich und trinken Sie extra eine Flasche Champagner! Es gibt an der Börse auch den alten Spruch: „Börsengewinne sind Schmerzens-

geld – erst kommen die Schmerzen, dann das Geld!"

Damit ist gemeint, daß man als Börsianer auch schwache Stunden überstehen muß. Um so schöner ist es dann, wenn es irgendwann wieder steigt. Auch wenn Sie im Börsental glauben, es gibt keine Hoffnung mehr: Bis jetzt ist noch jede Krise überwunden worden!

Also genießen Sie die schönen Tage und schauen Sie bei tiefen Kursen einfach weg. Das ist das beste Rezept, welches ich Ihnen geben kann. Das funktioniert natürlich nur, wenn Sie auf grundsolide Aktien gesetzt haben, wie die aus dem DAX oder Euro-Aktien.

Steuertricks

Sie wollen Ihre Gewinne möglichst steuerfrei kassieren? Dann sollten Sie folgendes beachten: Wenn Sie eine Aktie gekauft haben, dann warten Sie ein Jahr. (Diese sogenannte Spekulationsfrist wurde zum 1. Januar 1999 von sechs Monaten auf ein Jahr angehoben.) Danach sind die Gewinne steuerfrei. Wenn Sie vorher verkaufen, dann müssen die Gewinne versteuert werden. Sie unterliegen dann Ihrem persönlichen Steuersatz. Also warten Sie lieber ab und verkaufen Sie erst nach der Frist, dann haben Sie doppelte Freude am Gewinn.

Sollten Sie mal Verluste machen, so können Sie diese gegen Gewinne verrechnen. Beispiel: Mit der Aktienpositon BASF haben Sie einen Verlust von 2500 Euro gemacht und mit Mobilcom 5000 Euro Gewinn. Bleibt ein Plus von 2500 Euro. Allerdings müssen dann beide Positionen innerhalb eines Jahres verkauft werden. Manchmal lohnt es sich also, nicht zu warten, sondern Gewinne gegen Verluste zu verrechnen. Sie können ja jederzeit wieder einsteigen. Neues Spiel, neues Glück.

Übrigens: Gewinne bis zu 500 Euro sind in jedem Fall steuerfrei, auch wenn Sie innerhalb der Jahresfrist verkaufen. Aber verkaufen Sie nicht so schnell. Hektisches Hin und Her macht nur die Bank reich, denn die kassiert immer Gebühren!

Börsenprognosen

„Ich glaube nur Statistiken, die ich selbst gefälscht habe" – das sagte einst Winston Churchill. Der Mann hatte recht!

An der Börse bemühen sich viele Experten mit seltsamen Methoden und Statistiken um die Frage: Wie entwickeln sich die Aktienkurse von morgen? Aber so richtig gelingen will es nie. Das Ganze grenzt oft an Kaffeesatzleserei!

Über das, was man nicht voraussagen kann, redet der Mensch am liebsten. An der Börse gibt es brennende Diskussionen darüber, was in den nächsten Tagen/Wochen/Monaten passiert. Jeder hat seine Ar-

„Wer sich nach den Tips von Brokern richtet, kann auch einen Friseur fragen, ob er einen neuen Haarschnitt empfiehlt."

US-Milliardär
Warren Buffett

gumente. Alles klingt irgendwie logisch. Und trotzdem: Niemand weiß es. Das ist sicher.
Da werden Indikatoren besprochen, da werden geheimnisvolle Linien in die DAX-Kurven hineingemalt, da werden selbst die Sterne nach den Kursentwicklungen befragt – ja, es gibt sogar Börsenhoroskope. Es gibt tatsächlich Börsenratgeber, deren Prognosen sich nach der Konstellation von Mond, Mars und Venus richten! Für solche Dienste muß dann auch noch teures Geld bezahlt werden. Ich versichere Ihnen: Das ist alles Humbug!
Über eine gewisse Zeit funktioniert alles irgendwie einmal. Und dann wieder nicht. Es gibt keine zuverlässigen Voraussage-Methoden. Man kann die Börse noch schlechter prognostizieren als das Wetter. Bedenken Sie: Derjenige, der weiß, was morgen ist, der könnte ja auf einen Schlag steinreich werden.
Trotzdem gibt es eine ganze Anzahl von Experten, die Voraussagen wagen. Bei einzelnen Aktien, beim DAX, beim Dollar oder bei den Zinsen. Ich finde das immer sehr lustig, wenn ich solche Weissagungen lese. Gerade wenn sie von seriösen Banken kommen. Und am Ende des Jahres sieht es dann doch wieder ganz anders aus. In den wenigsten Fällen treten die Prognosen ein.
Machen Sie den Test. Fragen Sie einen Banker oder einen Experten und vergleichen Sie, ob diese Aussagen eingetreten sind. Gleichzeitig wagen Sie eine eigene Prognose. Sie werden überrascht sein, wie oft Sie recht haben. Ihr Bauch ist oft der bessere Ratgeber ...
Versuchen Sie es doch selbst mal: Probieren Sie, die Börsenentwicklung vorauszusagen. Sie werden feststellen, daß Sie besser sind als mancher Profi. Sie können noch heute anfangen. Nehmen Sie den DAX oder den Dollar. Was glauben Sie – geht es nächste Woche rauf oder runter? Wenn Sie ein paarmal hintereinander recht haben, dann haben Sie schon das Zeug zum Guru.

Börsengurus

Da die meisten Menschen sich keine eigenen Gedanken machen, was sie an der Börse tun sollen, hören sie auf bekannte Gesichter. Diese Figuren sind unter alten Börsianern genauso beliebt wie umstritten. Trotzdem: Es ist immer wieder interessant, ihnen zu lauschen. Sie kennen vielleicht André Kostolany? Mittlerweile kann ich ihn schon einen Freund nennen, den ich sehr verehre. André ist ein lebendiges Geschichtsbuch. Ich hoffe, daß er mindestens 100 Jahre alt wird. Seine Bücher sind Gold wert und sehr unterhaltsam. Von ihm stammt der Satz: „Wer kein Geld hat, muß spekulieren, wer etwas Geld hat, kann spekulieren, und wer viel Geld hat, darf nicht spekulieren."

Am witzigsten finde ich folgenden Spruch: „An der Börse gibt's nur Schmerzensgeld – erst kommen die Schmerzen, dann das Geld." – Damit kommt zum Ausdruck, daß eine Anlage in Aktien nicht gleich am nächsten Tag Früchte bringt. Manchmal fallen Kurse eben auch, und dann ärgern sich viele. Doch dieser Ärger ist überflüssig. Irgendwann kommt das Geld ganz von allein …

Aber auch Gurus können irren. Bei André Kostolany muß ich allerdings zugeben, daß seine Erkenntnisse immer wieder hörenswert sind. Kaum jemand hat so viele Crashs, praktisch ein ganzes Jahrhundert Geschichte, erlebt und dazu noch zwei Weltkriege. Seinen Tip, „Aktien kaufen und Schlaftabletten nehmen", hat er oft zum besten gegeben, und einige Börsianer finden solche Ratschläge todlangweilig. Aber: der Mann hat recht! Wenn Sie Kostolany irgendwo erwischen können – gehen Sie zu seinen Vorträgen. Sie werden es nicht bereuen!

Ein anderes Gesicht, das Sie im Zusammenhang mit Börse vielleicht kennen: Heiko Thieme. Ein Deutscher, der nun in New York beheimatet ist. Er tritt oft im Fernsehen auf. Ein brillanter Redner. Er besticht durch seinen Optimismus. Sein Credo: Der Pessimist ist der einzige Mist, auf dem nichts wächst. Auch Heiko Thieme sollten Sie nicht verpassen. Als Börsianer sollte man möglichst viele Meinungen hören – man muß sich ja nicht alle zu eigen machen. Meinungen anhören und seine eigene Meinung entwickeln – das ist an der Börse sehr wichtig! Es ist zwar nicht notwendig für den Börsenerfolg, aber es ist interessant. Heiko Thieme hat die sagenhafte Rallye an den Börsen in den 90er Jahren vorausgesagt. Auch heute noch ist er der Meinung, daß die Börse ihren Höhenflug auf lange Sicht weiter fortführen wird. Er wird recht behalten.

Roland Leuschel sollten Sie auch kennenlernen, wenn Sie sich für das Geschehen an den Finanzmärkten interessieren. Er hat schon immer vom Salami-Crash gesprochen. Damit meinte er das scheibchenweise Abrutschen der Kurse. Allerdings kam dieses Ereignis viel später als erwartet: eben erst im Spätsommer 1998.

Natürlich kann niemand wissen, wann an der Börse ein entscheidendes Ereignis eintritt, aber ich finde Stimmungen immer sehr interessant. Es macht Spaß, über Börse, einzelne Unternehmen und Branchen zu reden! Geht's rauf oder runter? Das einzige, was einen Börsianer interessiert.

Und wenn Sie Experten hören, die felsenfest behaupten, daß jetzt wieder ein großer Crash droht oder ein Zusammenbruch – bleiben Sie gelassen. Lassen Sie sich nicht verunsichern! Niemand weiß es. Und manchmal sind gewagte Behauptungen noch schlechter als eine stehengebliebene Uhr: Die geht wenigstens zweimal am Tag richtig. Wenn jemand jahrelang behauptet, irgendwann wird alles zusammenbrechen, dann hat er sicher irgendwann mal recht. Genau so recht hat derjenige, der behauptet, es geht weiter aufwärts. Das stimmt auf lange Sicht auch immer.

Sie sehen: An der Börse kriegt jeder irgendwann recht. Und ich bin mir sicher: Auch Ihre Hoffnungen und Visionen gehen irgendwann in Erfüllung. Am besten ist es, wenn Sie Ihr eigener Guru werden! Ich wünsche Ihnen dabei viel Spaß und vor allem viel Erfolg!

11. Die häufigsten Fragen

Kann eigentlich jeder Aktien kaufen?

Ja, jeder. Er muß nur das nötige Kleingeld haben. Es gibt keine Beschränkungen.

Lohnen sich Aktien auch für Normalverdiener?

Auf jeden Fall. Die Aktienanlage ist die beste Geldanlage, die es gibt. Das hat die Geschichte bewiesen.

Was sind Investment-Papiere?

Darunter versteht man fast alles in Sachen Anlage. Zum Beispiel Aktien, Fondsanteile, Anleihen. Letzten Endes sind es Papiere, die Sie kriegen, wenn Sie irgendwo Geld reinstecken (investieren). Solche Papiere werden allerdings nicht mehr ausgehändigt, sondern lagern bei der Bank.

Ist der Euro gut für Aktien?

Generell ja, weil Europa damit gestärkt wird. Es lockt viele ausländische Anleger an. Das kann zu steigenden Aktienkursen führen.

Warum ist die Börse so in Mode gekommen?

In Europa gibt es noch großen Nachholbedarf in Sachen Aktien. Die Amerikaner sind da schon viel weiter. So richtig in Schwung kam die Börse aber erst mit dem Euro und den niedrigen Zinsen. Wenn es kaum noch Zinsen gibt, dann su-

„Eine Aktie, die man nicht zehn Jahre zu halten bereit ist, darf man auch nicht zehn Minuten besitzen.“

US-Milliardär Warren Buffett

chen die Leute nach anderen Anlagemöglichkeiten.

Was ist der Unterschied zwischen Anleihen und Aktien?

Anleihen sind Schuldscheine, die irgendwann zurückgezahlt werden. In der Zwischenzeit gibt es Zinsen.
Aktien sind Beteiligungen an einem Unternehmen, die man so lange behalten kann, wie man will. Statt Zinsen gibt es Dividende, das heißt eine Ausschüttung des Gewinns, der unter allen Aktionären aufgeteilt wird.

Ab welchem Alter kann man Aktien kaufen?

Mit der Geburt. Dann müssen es aber die Eltern tun. Das ist übrigens sehr empfehlenswert, weil im Laufe der Zeit ein stattliches Vermögen heranwächst, mit dem man zum Beispiel ein Studium finanzieren kann.

Soll man auch im Alter noch Aktien kaufen?

Natürlich macht das auch noch Spaß, wenn man älter ist. Man sollte allerdings nur noch einen kleinen Teil des Geldes in Aktien stecken, weil Börsen bekanntlich schwanken können. Generell: im ersten Lebensabschnitt viel Aktien, während des Lebensabends eher weniger Aktien.

Ist die Börse nicht so was wie ein Spielkasino?

Wird oft behauptet, stimmt aber nicht. Im Spielkasino verlieren Sie meistens alles. An der Börse sind Sie mit einer langfristigen Strategie immer auf der Gewinnerseite.
Man kann die Börse natürlich auch mißbrauchen: Wenn Sie mit hohem Kredit alles auf eine Karte setzen, dann ist es sicher ähnlich wie in der Spielbank. Aber eine solche Vorgehensweise würde ich Ihnen auch nicht empfehlen.

Ist es sehr zeitaufwendig, sich mit Aktien zu beschäftigen?

Es wird zwar immer so getan, als müßten die Börse und die Kurse ständig beobachtet werden. Das ist aber falsch. Der erfolgreiche Aktiensparer schaut nicht ständig auf die Kurse. Also ist es praktisch gar nicht zeitaufwendig, sich mit Aktien zu beschäftigen. Nur bei der Auswahl sollten Sie sich schon ein paar Gedanken machen. Allerdings: Kommissar Zufall erzielt auch schon gute Ergebnisse. Das wurde sogar wissenschaftlich bewiesen!

Sind Fonds besser als Aktien?

Das kann nicht generell gesagt werden. Eine persönliche Auswahl von einigen Aktien kann sogar besser sein. Fonds kochen auch nur mit Wasser – sprich: sie kaufen Aktien. Wie sich diese (von Fachleuten) ausgesuchten Aktien entwickeln, das weiß niemand.

Wo kriege ich aktuelle Kurse?

Aus der Tageszeitung, oder ganz aktuell: Teletext bei n-tv und anderen TV-Sendern und im Internet.

Ist eine Geldanlage in Aktien wirklich sicher?

Ja. Sie ist sogar so sicher, daß große Versicherungen und Pensionsfonds ihr Geld dort anlegen. Nur: Zwischendurch können Börsen auch mal nach unten gehen. Dann muß man abwarten.

Wo bekomme ich Informationen?

In der Presse wird oft über Aktiengesellschaften berichtet. Besonders in speziellen Börsenblättern wie *Euro am Sonntag* oder *Börse Online*. Informationen, wie Sie eine Aktie kaufen können, gibt Ihnen jede Bank.

Reagiert die Börse auf Politik?

Ja, aber oft stellen die Börsianer fest, daß bei einem Regierungswechsel noch nicht alles so schlimm oder so gut wird, wie angenommen. Deshalb sagt man auch: Politische Börsen haben kurze Beine.

Hilft die Börse der Wirtschaft?

Ja. Ohne Anleger, die ihr Geld direkt in die Wirtschaft bzw. in Unternehmen investieren, würde alles zusammenbrechen.

Schaut die Börse in die Zukunft?

Ja. Sie ist der Gegenwart immer um etwa ein Jahr voraus. Wenn die Leute glauben, es geht bergab, dann geht es zuerst an der Börse runter. Umgekehrt erkennen Sie einen bevorstehenden Aufschwung an einer steigenden Börse. Manchmal irren die Börsianer aber auch …

Wirkt sich der Aktienkurs aufs Unternehmenswohl aus?

Ja. Hohe Aktienkurse sind immer gut für ein Unternehmen. Fallen die Kurse, dann ist das ein Zeichen, das irgend etwas nicht stimmt. Bei niedrigen Kursen kann es schwieriger werden, zum Beispiel an Kredite heranzukommen.

Ist es gut, wenn viele Leute Aktien haben?

Ja. Erstens ist es eine gute Geldanlage. Zweitens interessieren sich solche Leute mehr für wirtschaftliche Zusammenhänge und fallen nicht auf irgendwelche politischen Bauernfänger herein.

Ist Spekulieren gut?

Ja. Spekulieren heißt nichts anderes als „hoffen". Jemand, der sein Geld irgendwo anlegt, hofft, daß es sich vermehrt. Das ist nichts Böses, wird aber manchmal so dargestellt. Vergessen wird dabei oft, daß der Anleger auch ein gewisses Risiko trägt.

Ab wieviel Geld lohnen sich Aktien?

Man sollte schon ein paar tausend Euro/DM übrig haben. Möglich ist es aber schon für rund 50 Euro/100 DM im Monat (Sparen mit Fonds). Mein Tip: Immer so lange ansparen, bis man einen Tausender übrig hat, und dann einige Aktien kaufen ...

Was kostet ein Aktienkauf?

Bei Discountbrokern zahlen sie etwa 0,3 Prozent von der Kaufsumme. Bei größeren Beträgen kann es sogar noch weniger sein. Bei kleineren Beträgen kommt oft noch eine Grundgebühr hinzu. Die Gebühren sind sehr unterschiedlich. Vorinformieren und verhandeln spart Bares. Bei Fonds kommt außerdem noch ein sogenannter Ausgabeaufschlag hinzu, der zwischen 3 und 5 Prozent der Anlagesumme beträgt.

Was sind Broker/Discountbroker?

Broker sind Aktienkäufer und Aktienverkäufer an der Börse. Sie erledigen sozusagen das Geschäft für den Kunden. Der Begriff kommt aus dem Englischen. Discountbroker sind sogenannte Billig-Broker. Hier sind die Gebühren für den Aktienkauf/-verkauf am geringsten.

Wo werden Aktien aufbewahrt?

Diesen Ort nennt man Depot. So ein Depot kann jede Bank eröffnen. Heute werden dort aber nicht mehr tatsächlich die echten Papiere aufbewahrt, sondern es läuft alles über Computer.

Kann man Aktien jederzeit verkaufen?

Ja, aber nur an Börsen- bzw. Werktagen. In Deutschland zwischen 8.30 und 17 Uhr.

Sind deutsche Aktien sicher?

Generell gilt: Je größer das Unternehmen und je länger die Lebenszeit der AG, desto sicherer. Das gilt nicht nur für deutsche Aktien, sondern weltweit.

Warum spricht an den Börsen niemand „deutsch"?

Die Börsianer haben mit der Zeit ihre eigenen Begriffe geschaffen. Vieles stammt auch aus dem Englischen, weil es dort eine längere Börsentradition gibt.

Was sind Neuemissionen?

Neuemissionen sind neue Aktien an der Börse. Die Bank fragt vorher herum, ob jemand diese neuen Aktien kaufen will. Meistens stürzen sich die Anleger auf solche Börsenneulinge, weil die Vergangenheit oft gezeigt hat, daß sie sich im späteren Börsenleben prächtig entwickelt haben.

Lohnt sich der Kauf von neuen Aktien?

Das sind sogenannte Neuemissionen. Die werden bei der Bank beantragt (Börsensprache: gezeichnet). In Phasen steigender Börsen springen diese Papiere oft kräftig in die Höhe, wenn sie das erste Mal an der Börse gehandelt werden. Aber Vorsicht, das ist nicht immer so.

Warum kriegt man so selten neue Aktien?

Weil oft mehr Käufer als Aktien da sind. Dann entscheidet das Los.

Wenn ich Fragen zur Börse habe, wo kriege ich Antwort?

Grundsätzlich hilft Ihnen jede Bank oder Sparkasse weiter. Hier gibt es oft auch interessante Broschüren und Informationsmaterial zur Börse. Wenn es um einzelne Aktien geht, sollten Sie sich aber Ihre eigenen Gedanken machen.

Wer schützt die Anleger?

Wenn Sie das Gefühl haben, irgendwo sei etwas nicht mit rechten Dingen zugegangen, dann wenden Sie sich an:

„Glücklicherweise gibt es mehrere Wege, die zum Finanz-Himmel führen.“

US-Milliardär
Warren Buffett

– **Deutsche Schutzvereinigung für Wertpapierbesitz** (Düsseldorf)

oder an:

– **Schutzgemeinschaft der Kleinaktionäre** (Esslingen).

Außerdem gibt es eine Börsenaufsicht, die dafür sorgt, daß alles in geordneten Bahnen abläuft.

Wie hoch ist der größte Verlust bei Aktien?

Theoretisch kann ein Aktie wertlos werden, also auf Null gehen. Das ist dann der Fall, wenn ein Unternehmen pleite geht. Das kommt aber äußerst selten vor. Tiefer als Null kann es aber nicht gehen. Der Anleger/Aktionär haftet nicht für irgendwelche Verbindlichkeiten oder Fehlverhalten der Firmenchefs.

Wie hoch ist der größte Gewinn bei Aktien?

Nach oben offen – wenn nicht vorher verkauft wird. Es gibt Aktien, die sich verzehnfacht haben – andere sind gar tausendmal mehr wert geworden.

Wann sollte man kaufen?

Der Zeitpunkt ist egal. Wenn Sie das Gefühl haben, daß alles etwas übertrieben ist, dann lohnt es sich auch abzuwarten. Nur eines ist wichtig: nicht alles an einem Tag kaufen. Es ist empfehlenswert, das Geld aufzuteilen und in kleinen Portionen zu kaufen.

Wann ist eine Aktie billig?

Darüber streiten sich die Götter. Am besten entscheiden Sie es selbst. Wenn Sie zwei Leute fragen, dann werden Sie wahrscheinlich zwei Antworten bekommen.

Seit wann gibt es Aktien?

Es fing an im späten Mittelalter. Aber auch schon aus sehr viel früheren Zeiten wurde berichtet, daß es aktienähnliche Unternehmensbeteiligungen gab.

Wann sollte man verkaufen?

Aktien eignen sich am besten als langfristige Anlage. Verkaufen sollten Sie nur, wenn Sie das Geld wirklich brauchen.

Soll man alles Geld in Aktien stecken?

Nein, das ist unklug. Man sollte immer eine Reserve haben!

Wie viele Aktien muß man mindestens kaufen?

Mindestens eine. Das lohnt sich zwar in der Regel nicht, kann man aber machen! Ich kenne Leute, die einzelne Aktien besitzen, damit sie auf die Hauptversammlungen gehen können.

Soll ich die Bank die Kaufentscheidung treffen lassen?

Das können Sie tun, ich empfehle es aber nicht. Besser ist es, wenn man die Aktiengeschäfte selbst in die Hand nimmt. Das gleiche gilt natürlich auch für Verkaufsentscheidungen. Niemand kennt den optimalen Zeitpunkt, auch Ihr Banker nicht.

Kann ich auch mit „meinem Chef" sprechen?

Das können Sie nicht nur, sondern Sie haben sogar das Recht dazu. Einmal im Jahr treffen sich die Aktionäre (Hauptversammlung). Dann muß die Geschäftsführung Rechenschaft ablegen. Prinzipiell muß jeder Aktionär angehört werden, und er hat ein Recht auf Antwort. Sie können also mit ihrem Chef sprechen, wenn Sie unzufrieden mit ihm sind!

Was mache ich mit 25 000 Euro/50 000 DM?

Alter bis 50: 70 Prozent dieser Summe in Aktien anlegen, 30 Prozent in Staatsanleihen. Ab 50 Jahren langsam umschichten zugunsten der Anleihen.

Gibt es eine Hauptbörse?

Die Börse in den USA gilt derzeit als die wichtigste weltweit. Hier werden die meisten Aktien gehandelt.

Wie viele Aktien gibt es?

In Deutschland gibt es über 4000 unterschiedliche Unternehmen, deren Aktien an der Börse gehandelt werden. Weltweit schätze ich die Zahl auf 50 000 börsennotierte Unternehmen.

Schwanken Kurse innerhalb eines Tages?

Ja. Bei den Aktien großer Unternehmen werden am Tag bis zu über 100 Kurse gemacht. Das hängt damit zusammen, daß viele Leute Aktien an der Börse haben wollen. Bei kleineren Unternehmen wird nur ein Kurs am Tag gemacht.

Gibt es Methoden, um Aktienbewegungen vorherzusehen?

Generell nicht. Es wird zwar immer wieder versucht, aber eine zuverlässige Methode gibt es nicht. Niemand weiß, wo eine Aktie morgen steht. Eine Börse in ihren Schwingungen vorherzusagen ist vergleichbar mit den Aussagen von Horoskopen. Manche Menschen glauben an Horoskope und manche Börsianer an bestimmte Vorhersagemodelle. Würde es aber tatsächlich eines geben, das absolut zuverlässig ist, dann hätte derjenige sofort alles Geld dieser Welt ...

Was ist ein Crash?

Crash bedeutet Krach, Börsenkrach. Ein Crash ist ein plötzlicher, starker Rückgang in den Kursen. Wird oft ausgelöst durch unvorhergesehene Wirtschaftsprobleme oder politische Krisen.

Gibt es Vorzeichen für einen Crash/Kurszusammenbruch?

Nein. Es gibt zwar immer wieder Leute, die behaupten, daß der Börsenkrach naht. Recht hat aber bisher niemand gehabt – es sei denn durch Zufall. Es gibt keine Möglichkeit, einen Börsenkrach vorherzusehen. Es ist so ähnlich wie bei den Erdbeben ...

12. Kleines Börsenlexikon

Damit Sie richtig mitreden können in der Welt der Börse – hier die wichtigsten Begriffe.

abbröckeln
Wenn die Kurse vereinzelt zurückfallen, obwohl sie anfangs gestiegen sind, sagt man, die Kurse bröckeln ab. Ausdruck, um die Tagesverfassung an der Börse zu beschreiben.

Abwertung
Herabsetzung des Wertes einer Währung. Passiert oft bei Ländern mit hoher Preissteigerungsrate (→ Inflation).

Aktie
Anteilsschein an einem Unternehmen. Beteiligung.

Aktienanalyse
Nachdenken über den möglichen Verlauf einer Kursentwicklung bei einer Aktie. Man schaut sich den bisherigen Kursverlauf an. Außerdem werden die Erfolgschancen des betreffenden Unternehmens für die Zukunft überprüft.

Aktiengesellschaft (AG)
Ein Unternehmen, das vielen Leuten (Anteilseignern, → Aktionären) gehört. Es können nur wenige sein, aber auch Millionen Anteilseigner sind möglich. Die Bayer AG besteht beispielsweise aus über 700 000 000 (700 Millionen) → Aktien, die auf der ganzen Welt verstreut sind.

Aktienindex
Börsenbarometer, das im Minutentakt die Kursentwicklung einer bestimmten Gruppe von Aktien anzeigt. Zum Beispiel der → DAX in Deutschland. Der wichtigste Aktienindex weltweit ist der → Dow Jones für die Börse in den USA. Japan: → Nikkei-Index.

Aktionär
Jemand der eine → Aktie besitzt, ist Aktionär. Es spielt keine Rolle, wie viele er hat.

Amtlicher Handel
Im Amtlichen Handel werden die wichtigsten und größten Aktien gehandelt. Hier gelten besonders strenge Kontrollen. Außerdem gibt es nocht: → Geregelter Markt, → Freiverkehr.

Anleihe
Schuldscheine mit festem Zinssatz, meist ausgegeben von Bund oder Gemeinden. Es gibt auch Industrieanleihen. Anleihen von Hypothekenbanken nennt man Pfandbriefe.

antizyklisch
Gegen den Strom (schwimmen). Kaufen, wenn niemand mehr Hoffnung hat. Gegenteil: → prozyklisch.

AS-Fonds
AS bedeutet: Altersvorsorge-Sondervermögen. Diese Fonds sollen besonders für die Rentenvorsorge eingesetzt werden. Sie setzen auf eine Mischung aus Aktien, Anleihen und Immobilien. Allerdings meinen viele Experten, das sei nur alter Wein in neuen Schläuchen. Für die Altersvorsorge tun es auch normale Aktienfonds.

Aufsichtsrat
Kontrollgremium einer AG. Schaut dem Vorstand (Unternehmenslenkern) auf die Finger. Jede AG muß einen Aufsichtsrat haben.

Ausgabepreis
Preis, zu dem Anteile an einem → Fonds verkauft werden. Hinzu kommt aber noch ein Ausgabeaufschlag von bis zu 5 Prozent.

b = bezahlt
Das b bedeutet, daß zu diesem Kurs ein Handel stattfand. Steht meistens nicht mehr bei den Kursen dran.

B = Brief
Kurszusatz bei Aktien. Bedeutet, daß nur Verkäufer da waren, aber keine Käufer. B heißt „Brief" – weil man früher die Aktien in Briefpapier einwickelte und zur Börse trug.

Baisse
Phase, in der es an der Börse immer nur nach unten geht. Gegenteil: → Hausse.

Bär *(bear, bearish, bear market)*
Kommt aus dem Amerikanischen. Steht für fallende Aktienkurse und pessimistisch gestimmte Anleger. Die entsprechende Börse wird *„bear market"* genannt. Warum der Bär für fallende Kurse steht: Er schlägt mit seiner Pranke von oben nach unten.
Gegensatz: → Bulle *(bull, bullish, bull market)*

behauptet
Beschreibung der Börsentendenz. Wenn Kurse sich trotz schlechter Nachrichten gut halten, dann gilt die Börse als behauptet.

Belegschaftsaktie
Aktien, die den Angehörigen einer Gesellschaft oft zum günstigen Preis überlassen werden. Soll das Interesse am Unternehmen stärken und die Arbeiter am Profit beteiligen.

bestens
Begriff beim Aktienverkauf. Der Käufer will in diesem Fall die Aktie auf jeden Fall verkaufen, egal zu welchem Preis. Der Zusatz „bestens" ist eher von kosmetischer Natur!

Bezugskurs
Wenn eine AG „Junge" kriegt, dann gibt's meist einen günstigeren Preis für die Aktie. Der zum Bezug der neuen (jungen) Aktien festgelegte Kurs.

Bilanz
Soll und Haben zum Ende des Geschäftsjahres. Ist oft sehr kompliziert und schwer zu verstehen. Aktiengesellschaften müssen Bilanzen erstellen.

billigst
Begriff beim Aktienkauf. Der Käufer will die Aktie in jedem Fall haben. Der Zusatz „billigst" ist eher von kosmetischer Natur.

Blue Chip
Die größten und sichersten Werte an einer Börse. Zum Beispiel DaimlerChrysler, Allianz, Karstadt in Deutschland. In den USA zum Beispiel Coca-Cola, McDonald's, Boeing.

Börse
Ort, an dem Wertpapiere gehan-

„Solange unsere Investments in jedem Jahr 15 Prozent zulegen, mache ich mir um Quartalszahlen keine Sorgen.“

US-Milliardär
Warren Buffett

delt werden. Zum Beispiel Aktien oder Anleihen. Die größten Börsen: New York, Tokio, London.

Börsenaufsicht
Staatliche Kontrollbehörde, die darüber wacht, daß an der Börse alles mit rechten Dingen zugeht.

Börsencrash
Schneller Kursrückgang bei den meisten Aktien. Auslöser sind oft unvorhergesehene, böse Ereignisse.

Börsentendenz, Börsentrend
Allgemeine Richtung, die eine Börse geht. Zum Beispiel nach oben, seitlich oder nach unten.

Bonds
Englischer Ausdruck für festverzinsliche Wertpapiere.

Brief
Heißt: Es lagen nur Verkaufsangebote in der Aktie vor. Aber niemand wollte kaufen. Deshalb kein Handel. Kurzform: → B

Broker
Englische Bezeichnung für Aktienhändler. In den USA wickeln nicht die Banken, sondern die Broker den Aktienhandel für Kunden ab.

Bulle *(bull, bullish, bull market)*
Bezeichnung für steigende Börsenphasen. Leute, die glauben, daß es aufwärts geht, nennt man auch Bullen. Kommt aus dem Amerikanischen. Gegenteil: → Bär

Sinnbild Bulle: Er stößt mit seinen Hörnern immer von unten nach oben.

Call
Begriff von der Terminbörse. Spekulieren auf Kredit. In diesem Fall auf steigende Kurse. Sehr riskant. Gegensatz: → Put.

Chart
Kursverlauf einer Aktie oder Börse, auf Papier oder im Computer gemalt.

Chartanalyse
Kurvenforschung. Der Versuch, anhand von Kurvenverläufen die zukünftige Entwicklung einer Aktie, Börse oder eines Wertpapiers vorherzusagen.

Courtage
Wird oft beim Aktienkauf berechnet, Vermittlerprovision des Maklers bei Abschluß eines Börsengeschäfts (vgl. → Spesen).

DAX
Deutscher Aktienindex. Kursbarometer der 30 wichtigsten deutschen Aktien, daher auch Dax-30 genannt.

Deflation
Sinkende Preise. Alles wird billiger. Gegenteil: → Inflation

Depot
Ort, an dem Wertgegenstände, zum Beispiel Wertpapiere, aufbewahrt werden.

Depotgebühr
Gebühr für die Verwahrung und Verwaltung von Wertpapieren.

Depression
Anhaltender wirtschaftlicher Rückgang. Meist einhergehend mit vielen Arbeitslosen und Firmenpleiten.

Devisen
Ausländische Währungen, die auf einem Konto lagern. Bei Bargeld spricht man von → Sorten.

Discountbroker
Bank, die sich auf den An- und Verkauf von Wertpapieren spezialisiert hat. Dort fallen weniger Spesen an als bei herkömmlichen Banken.

Diversifikation
Nicht alles „auf ein Pferd setzen". Sein Geld unterschiedlich anlegen. Zum Beispiel Aktien und Anleihen, verschiedene Länder.

Dividende
Gewinn einer Aktiengesellschaft, der an die Aktionäre ausgeschüttet wird.

Dow-Jones-Index
Wichtigstes Kursbarometer der New Yorker Börse und damit der Welt. Zeigt die Kursentwicklung der 30 größten amerikanischen Industriewerte an. (vgl. → Aktienindex).

Effekten
Ältere Bezeichnung für → Wertpapiere.

eindecken
Zurückkaufen von Aktien, die man nicht hat. Beispiel: Es gibt Börsianer, die Aktien verkaufen, die sie nicht haben. Sie hoffen, bei einem Kursabschwung billiger zurückkaufen zu können. Die Differenz wäre dann ihr Gewinn. Man spricht auch von → Leerverkauf. Wenn der Börsianer eine solche Position schließen will, dann muß er „eindecken", sprich die Aktien zurückkaufen. Pech hat er, wenn die Börse steigt. Dann muß er zu teureren Kursen zurückkaufen, als er verkauft hat.

Emission
Ausgabe neuer Wertpapiere (Aktien, Anleihen usw.).

Eröffnungskurs
Erster Kurs nach Börsenöffnung.

Ertragslage
Gewinnlage.

Euro
Einheitliche Währung der **euro**päischen Länder Deutschland, Österreich, Niederlande, Belgien, Luxemburg, Italien, Frankreich, Spanien, Irland, Finnland, Portugal. 1 Euro

≙ 1,96 DM, ≙ 13,76 österreichischen Schilling.

Euro-STOXX
Kursbarometer für die 50 wichtigsten und größten Aktien im Bereich des → Euro.

eskomptieren
Etwas vorwegnehmen. Zum Beispiel die Erwartung positiver Nachrichten.

fest
Altmodischer Begriff aus der Börsenwelt. Sagt aus, daß die meisten Aktien stark gestiegen sind.

Festgeld
Geld, das man einer Bank für eine bestimmte Zeit zur Verfügung stellt. Bringt mehr Zinsen.

Festverzinsliche Wertpapiere
Schuldscheine mit einem festen Zinssatz. Zum Beispiel Anleihen.

Fonds
Anlagegesellschaft, die zum Beispiel verschiedene Aktien kauft und den daraus entstehenden Wert wieder neu aufteilt, um ihn zu verkaufen. Es gibt auch Fonds für Anleihen oder Immobilien und solche, die alles haben: Aktien, Anleihen, Immobilien. Das sind sogenannte gemischte Fonds.

Freiverkehr
Börsenabteilung, für die nicht die höchsten Kontrollen gelten. Hier werden meist kleinere Werte gehandelt.

Futures
Ein spezielles Anlageinstrument mit hohem Kreditanteil: Kleiner Einsatz – großer Gewinn oder Verlust. Wird nur von Profis benutzt.

G=Geld
Kurszusatz. Bedeutet, es waren nur Käufer da, aber keine Verkäufer. Ein Handel kam deshalb nicht zustande.

Geldmarkt
Ist eine Art Börse, an der Schuldscheine mit sehr kurzer Laufzeit gehandelt werden.

Geregelter Markt
Ist die zweitbeste Börsenabteilung nach dem Amtlichen Handel. Verliert aber in Zukunft an Bedeutung.

Geschäftsbericht
Lagebericht einer Firma.

Gewinnmitnahme
Wenn viele Börsianer Gewinne gemacht haben, dann verkaufen sie schon mal. Gilt besonders für Profis an der Börse, die keine langfristige Investition machen wollen.

Glattstellung
Schließen eines Börsengeschäftes. Zum Beispiel Verkauf von Aktien.

Hauptversammlung
Jahresversammlung der Aktionäre.

Hausse
Phase steigender Börsenkurse. Gegensatz: → Baisse.

Hedging
Absichern von Börsengeschäften. Nur was für Profis, weil die Absicherung selbst hohe Risiken birgt.

Holding
Gesellschaft ohne eigenen Produktionsbetrieb. Verwaltung von Beteiligungen oder Anlagebeständen.

Index
Börsenbarometer, das im Minutentakt die Kursentwicklung einer bestimmten Gruppe von Aktien anzeigt.

Zum Beispiel → DAX in Deutschland. Der wichtigste Aktienindex weltweit ist der → Dow Jones für die Börse in den USA. Japan: → Nikkei-Index.

Ein Index kann sich aber auch auf andere Märkte beziehen, zum Beispiel Zinsen oder Rohstoffe.

Index-Zertifikat
Anlageinstrument, das allein auf das Steigen oder Fallen eines → Indexes spekuliert.

Indikatoren
Hinweise, die auf den zukünftigen Kursverlauf schließen lassen.

Inflation
Geldentwertung. Phase steigender Preise. Gegenteil: → Deflation.

Insider
Jemand, der mehr weiß als die breite Öffentlichkeit. Insbesondere Firmenangestellte, die Einblick in die Zahlen eines Unternehmens haben.

Insolvenz
Zahlungsunfähigkeit (Illiquidität) eines Unternehmens.

Institutionelle Anleger
Profis an der Börse, die mit viel Geld umgehen.

Intra-Day-Handel
Handel, der versucht, an Tagesschwankungen Geld zu verdienen.

Intra Day Reversal
Tagesumkehr in der Tendenz. Zum Beispiel wenn's erst rauf und dann runter geht. Wird allgemein als schlechtes Zeichen für den nächsten Tag angesehen. Umgekehrt ist es ein gutes Zeichen für den nächsten Tag.

Investition
Langfristige Anlage von Geld in der Hoffnung, daß es sich vermehrt.

Investmentfonds
Siehe → Fonds.

Joint venture
Vereinbarung über Zusammenarbeit.

Kapitalanlage
Langfristige Geldanlage.

Kapitalerhöhung
Ausgabe neuer Aktien, damit eine Firma frisches Geld bekommt.

Kapitalertragsteuer
Einkommensteuer auf Erträge aus Aktien und anderen Investitionen.

Kassakurs
Einmal während der Börsensitzung amtlich ermittelter Kurs. Hier kommen die kleineren Aufträge zur Abwicklung. Wird meist mittags festgestellt.

Konsolidierung
Ruhigere Börsenphasen nach einer übertriebenen Entwicklung nach oben.

Körperschaftsteuer
Einkommensteuer für Aktiengesellschaften.

Kulisse
Alte Bezeichnung für Berufsbörsianer.

Kurs
Der Betrag, der für ein Wertpapier gezahlt wird.

Kurs-Gewinn-Verhältnis/KGV
Zahl, aus der hervorgeht, wie viele Jahre man warten muß, bis der Kurs der Aktie durch die Dividende/Ausschüttungen bezahlt wird. Beispiel: Die Aktie kostet 100 DM, die Ausschüttung beträgt 10 DM – dann beträgt das KGV 10.

Kurspflege
Stützung eines Kurses durch Käufe.

Laufzeit
Zeitraum zwischen der Ausgabe eines Schuldscheins und Rückzahlung des geschuldeten Betrags.

Leerverkauf
Verkaufen, was man nicht hat. Machen nur Profis. Sie verkaufen Aktien, die sie nicht haben. Sie hoffen, diese später billiger zurückkaufen zu können. Auf diese Weise kann man auch bei fallenden Kursen Gewinne machen.

Limit
Begriff aus dem Aktienkauf/-verkauf. Feste Kursangabe, bis zu deren Höhe ein Auftrag ausgeführt werden soll.

Liquidität
1. Zahlungsfähigkeit eines Unternehmens. 2. Flüssige Mittel; Geld, das man übrig hat, um es einzusetzen.

Long-Position
Eine Wertpapieranlage, die auf steigende Kurse spekuliert. Gegenteil: → Short-Position

Marktenge
Aktien, von denen nicht viel gehan-

delt wird. Hier genügen schon kleinere Aufträge, um einen Kurs nach oben oder unten zu schieben.

M-Dax
Index für die mittelgroßen Aktien. „Mittel-DAX".

Nettodividende
Das, was dem Aktionär nach Abzug der Unternehmenssteuern (Körperschaftsteuern) ausgeschüttet wird.

Neuemission
Unternehmen, das neu an die Börse kommt.

Neuer Markt
Börsenabteilung für junge, wachstumsstarke Unternehmen.

Nichtveranlagungsbescheinigung
Bescheinigung (vom Finanzamt), daß Sie praktisch nichts verdienen und deshalb Dividenden bzw. Zinsen voll kassieren können.

Nikkei-Index
Aktienindex der Börse in Tokio (Japan), einem der wichtigsten Börsenplätze der Weltwirtschaft.

Obligationen
Schuldscheine von Banken, Gemeinden oder der Industrie.

Option
Recht, Voranwartschaft auf eine bestimmte Sache (zum Beispiel den Erwerb einer Aktie). Begriff aus dem Terminmarkt.

Optionsschein
Meist sehr spekulatives Anlageinstrument. Räumt zum Beispiel das Recht ein, eine Aktie zu einem bestimmten Kurs zu erwerben. Dafür muß man eine Prämie zahlen. Erreicht die Aktie den Kurs aber nicht, ist das Geld weg.

Order
Börsenauftrag.

Parkett
Altmodische Bezeichnung für Börsen, an denen noch „von Mensch zu Mensch" gehandelt wird.

Penny stocks
Billigaktien, Pfennigaktien. Sind meistens vollkommen wertlos.

Performance
Wertentwicklung.

Portfolio
Bestand an Wertpapieren.

Provision
Geld, das die Bank für Wertpapierkäufe kassiert.

prozyklisch
Mit dem Strom (schwimmend). Das machend, was alle machen.
Gegenteil: → antizyklisch

Put
Begriff von der Terminbörse. Spekulieren auf Kredit. In diesem Fall auf sinkende Kurse.
Gegensatz: → Call.

Quellensteuer
Steuer auf Einnahmen aus Kapitalvermögen, die gleich am Entstehungsort einbehalten werden. Ist besonders wichtig bei Anlagen im Ausland.

Realzins
Zinsen, die sich abzüglich der Inflations- oder Deflationsrate ergeben. Beispiel: Ein Schuldschein bringt 5 Prozent. Die Inflation (Geldentwertung) beträgt 2 Prozent. Dann beträgt der Realzins nur noch 3 Prozent!

Rendite
Das, was unterm Strich jährlich bei einer Anlage herauskommt. Zum Beispiel: Ein Schuldschein im Wert von 100 DM, der 5 Prozent Zinsen bringt, erzielt eine Rendite von 5 Prozent.

Renten
Alte, aber immer noch gebräuchliche Bezeichnung für festverzinsliche Wertpapiere (zum Beispiel Anleihen).

Rentenmarkt
Eine Art Börse für Schuldscheine (zum Beispiel Anleihen).

Research
Begriff für „Forschung" im Zusammenhang mit Wertpapieren, besonders bei Aktien (Forschung, ob ein Papier nach oben oder unten geht).

Rezession
Allgemeiner wirtschaftlicher Abschwung.

Rücknahmepreis
Der Preis, zu dem Fondsanteile zurückgenommen werden. Steht wie ein Aktienkurs in den meisten Zeitungen.

Schieflage
Rückschlag in Geldangelegenheiten. Verluste.

Schlußkurs
Letzter Kurs an der Börse.

Schwarzer Freitag/Montag
Starke Verlusttage, „Schwarze" Tage in der Geschichte der Börse. Am Freitag, dem 25. Oktober 1929, wurde damit eine mehrjährige Hausse beendet. Am Montag, dem 19. Oktober 1987, unterbrach ein entsprechender Börsencrash (→ Crash) den größten Börsenaufschwung der Nachkriegsgeschichte.

Short-Position
Wertpapiergeschäft, bei dem Gewinne durch fallende Kurse erzielt werden. Äußerst riskant.
Gegenteil: → Long-Position.

Small Caps

Kleine Unternehmen, die an der Börse sind. Die Aktien dieser Unternehmen gelten als spekulativer. Sie sind schwankungsanfälliger als mittlere und große Werte.

Sorten

Ausländische Währungen in bar. Sortenkurse finden Sie auch in den Wechselstuben. Sind immer etwas höher als Devisenkurse (→ Devisen), weil das ausländische Geld aufwendig durch die Gegend transportiert werden muß.

Spekulation

Hoffen darauf, daß ein bestimmtes Ereignis in Zukunft eintritt.

Spekulationsfrist

Frist, innerhalb deren man nicht verkaufen darf, ohne daß die Gewinne versteuert werden müssen. In Deutschland beträgt diese „Haltedauer" seit 1. Januar 1999 ein Jahr (vorher: 6 Monate). In anderen Ländern gibt es keine Spekulationsfrist.

Spesen

Alle Kosten, die bei einem Börsengeschäft anfallen (→ Provision, → Courtage).

Split

Teilung einer Aktie in mehrere Teile. Macht man dann, wenn eine Aktie gestiegen ist. Die meisten DAX-Aktien haben einen Split von 1 : 10 hinter sich. Aus einer Aktie wurden zehn. Zum Beispiel: Hatte eine Aktie vorher 1000 DM gekostet, so gibt es jetzt 10 neue im Wert von 100 DM.

Standard-&-Poor's-Index (S&P 500 bzw. 100)

Einer der wichtigsten Aktienindizes in den USA neben dem → Dow Jones. Im S&P sind allerdings mehr Aktien enthalten. Er gilt deshalb als aussagekräftiger. Der S&P 500 ist der zweitwichtigste → Index neben dem Dow Jones. Er enthält die 500 größten Unternehmen der USA. Neben dem S&P 500 gibt es noch den S&P 100 – hier sind die 100 wichtigsten amerikanischen Aktien zusammengefaßt.

Stop-Loss-Order

Verkaufsauftrag, der besagt: Verkaufen, wenn ein bestimmter unterster Kurs unterschritten wird. Wird als Verlustbegrenzung empfohlen – allerdings mit zweifelhaften Folgen. Denn Börsen erholen sich oft schneller, als manche Experten glauben.

T-Bond

Wichtige Anleihe in den USA mit einer Laufzeit von 30 Jahren. Wenn man wissen will, wie es mit den Zinsen in den USA aussieht, dann schauen die Experten immer auf den T-Bond. Anleihen mit so langen Laufzeiten sind in Euro-Land ziemlich selten.

Technische Analyse
Kursvorhersage, die auf dem Kursverlauf der Vergangenheit beruht.

Telefonverkehr
Alter Begriff aus der Börsenwelt. Früher wurden Aktien zwischen Banken und Börsenprofis auch am Telefon verkauft.

Terminbörse
Hochspekulative Anlagevariante bei Profis. Man kauft hier nicht direkt Aktien, sondern wettet darauf, daß irgend etwas steigt oder fällt – bis zu einem bestimmten Zeitpunkt. Hat man recht, dann kriegt man sehr viel Geld. Hat man Pech, dann verliert man sehr viel Geld.

Termingeld
Geld, das für bestimmte Zeit bei Banken angelegt wird. Wenn man sich zeitlich festlegt, bekommt man oft etwas mehr Zinsen.

Termingeschäft
Hochspekulative Vereinbarung zwischen Börsenprofis.

Timing
Bedeutet „Zeitliches Abstimmen". Das heißt, den richtigen Ein- und Ausstiegszeitpunkt zu finden. Das gelingt aber fast nie, weil niemand Börsenentwicklungen auf den Punkt vorhersagen kann.

Trend
Grundrichtung eines Aktienkurses, einer Börse oder eines Indexes. Meistens wird diese Richtung für eine gewisse Zeit beibehalten.

Überbewertung
Aussage von Experten, daß eine Aktie nun zu teuer sei. Solche Aussagen sind aber nur mit großer Vorsicht zu genießen. Wenn Sie eine Aktie haben, von der jemand sagt, sie sei überbewertet – also zu teuer –, lassen Sie sich davon nicht beirren.

Übernahmeangebot
Angebot zur Übernahme (Aufkauf) eines Unternehmens. Meistens profitieren Aktionäre der betroffenen Firma davon, weil für die Aktie mehr geboten wird als das, was an der Börse gezahlt wird.

Überzeichnung
Wenn neue Unternehmen an die Börsen wollen, sind sie auf Investoren (Aktienkäufer) angewiesen. Die „kaufen" die neuen Aktien nicht, sondern sie → „zeichnen" sie. Wenn zu viele eine neue Aktie kaufen oder „zeichnen" wollen, dann ist sie überzeichnet. Dann sind einfach zu viele Käufer da.

Ultimo
Börsendeutsch für den letzten Tag eines Monats. Wenn eine Kauforder mit Limit für eine Aktie angegeben

wird, dann kann der Käufer sagen: ultimo. Gemeint ist dann: der Kaufauftrag gilt bis Ende des Monats.

Unterbewertung
Einschätzung von Experten, die meinen, eine Aktie sei zu billig und hätte einen höheren Kurs verdient. – Solche Aussagen sind aber immer mit großer Vorsicht zu genießen.

Valoren
Bezeichnung für Wertpapiere und Wertsachen (auch Schmuck). Im Bankverkehr sind Valoren alle Wertpapiere, Banknoten, Schecks, Münzgeld und Edelmetalle (Gold).

Variable Notierung
Aktienkurse werden den ganzen Tag an der Börse gehandelt. Bei größeren Werten gibt es unterschiedliche Kurse. Manche schwanken von Minute zu Minute – abhängig von dem jeweiligen Angebot und der Nachfrage. In diesen Fällen spricht man von variablen Notierungen. Bei kleineren Werten kommt oft nur ein Kurs am Tag zustande. Da wird dann oft ein → Kassakurs ermittelt.

Verfallstermin
Begriff von der → Terminbörse. Verfallstermin ist der Tag, an dem Wetten auf bestimmte Kurshöhen von Aktien und Indizes auslaufen.

Volatilität
Schwingungsverhalten. Bezeichnet die Schwingungsfreudigkeit von Wertpapieren oder Börsen.

Vorzugsaktie
Wer eine Vorzugsaktie hat, der bekommt bevorrechtigt eine → Dividende gezahlt, auch wenn es dem Unternehmen schlechtgeht. Dafür darf der Vorzugsaktionär auf → Hauptversammlungen nicht mitreden und nicht mit abstimmen. Er hat kein Stimmrecht. Vorzugsaktien kommen aber in letzter Zeit aus der Mode.

Wachstumswert
Aktie eines Unternehmens, der in Zukunft große Steigerungen vorhergesagt werden, weil das Unternehmen auf einem Gebiet tätig ist, das große Wachstumsraten erwarten läßt. Zum Beispiel Internet, Software oder Computer. Meistens sind Wachstumswerte aber schon sehr weit gestiegen.

Wall Street
Die Straße im Süden Manhattans (New York City), in der die wichtigste Börse der Welt beheimatet ist: die New York Stock Exchange (NYSE). Die Börsianer sprechen aber nur von der „Wall Street".

Wertpapier
Urkunde, die beweist, daß Sie tatsächlich einen Anteil an einem Unternehmen haben. Oder ein Schuldschein, auf dem steht, daß das Geld wieder zurückgezahlt wird. Aktien

und Anleihen zum Beispiel sind Wertpapiere. Sie sehen im Original auch sehr interessant aus. Nur leider bekommt sie kaum noch jemand zu Gesicht ...

Wertpapierkennummer

Alles, was Sie an der Börse kaufen können, hat einen Namen und eine Nummer. Am sichersten ist die Nummer, um jede Verwechslung auszuschließen. Wenn Sie also eine Aktie kaufen wollen, erkundigen Sie sich auch nach der Nummer – der Wertpapierkennummer!

XETRA

Computerbörse. Ersetzt mehr und mehr das Parkett, also den normalen Börsensaal! XETRA = E**x**change **e**lectronic **tra**de. Damit holen sich die Banken die Börse sozusagen ins Büro.

Zeichnen

Wenn neue Aktien angeboten werden, dann werden diese nicht gekauft, sondern „gezeichnet". Damit signalisiert der Käufer, daß er die Aktie zum angegebenen Preis haben will. Ob er sie dann kriegt, ist eine andere Frage. Bei neuen Unternehmen ist oft viel Phantasie da, so daß die Aktien „überzeichnet" sind. Das heißt, es sind mehr Interessenten da, als Aktien ausgegeben werden. In diesen Fällen werden die neuen Aktien oft verlost (vgl. → Neuemissionen, → Überzeichnung).

Register